Zivilprozess und historische Rechtserfahrung

Schriften zur Entwicklung des Privatrechtssystems

Herausgegeben von Christian Baldus und Christian Pohl

Band 11

PL ACADEMIC RESEARCH

Christian Baldus / Simone Schmon (Hrsg.)

Zivilprozess und historische Rechtserfahrung

PL ACADEMIC RESEARCH

Bibliografische Information der Deutschen Nationalbibliothek
Die Deutsche Nationalbibliothek verzeichnet diese Publikation in der Deutschen Nationalbibliografie; detaillierte bibliografische Daten sind im Internet über http://dnb.d-nb.de abrufbar.

Redaktion: Kamil Korn

ISSN 1613-771X
ISBN 978-3-631-66129-1 (Print)
E-ISBN 978-3-653-05670-9 (E-Book)
DOI 10.3726/978-3-653-05670-9

PL Academic Research ist ein Imprint der Peter Lang GmbH.

Peter Lang – Frankfurt am Main · Bern · Bruxelles · New York · Oxford · Warszawa · Wien

Diese Publikation wurde begutachtet.

www.peterlang.com

Inhaltsverzeichnis

Autoren

Prof. Dr. *Elena D'Alessandro*, Studium in Pisa, Promotion in Rom (Universität Rom „La Sapienza"). Professorin für Zivilprozessrecht und Europäisches Zivilprozessrecht an der Universität Turin. Veröffentlichungen namentlich zum Europäischen Zivilprozessrecht. DAAD-Heidelberg-Dozentin im Akademischen Jahr 2011/2012.

Prof. Dr. *Christian Baldus*, Studium in Passau, Pavia und Trier, Promotion und Habilitation in Köln, Professor für Bürgerliches Recht und Römisches Recht an der Ruprecht-Karls-Universität Heidelberg. Veröffentlichungen zum deutschen, römischen und europäischen Privatrecht. Fakultätsbeauftragter für das DAAD-Heidelberg-Programm.

Prof. Dr. *Patricio Lazo*, Studium an der Universidad de Chile, Promotion an der Universidad Nacional de Educación a Distancia (Madrid), Professor für Römisches Recht an der Pontificia Universidad Católica de Valparaíso. Veröffentlichungen zur Gefahrtragung beim Kauf im römischen Recht sowie zu den adjektizischen Klagen. DAAD-Heidelberg-Dozent im Akademischen Jahr 2010/2011.

Dr. *Álvaro Pérez-Ragone*, LL.M. (Köln), Studium an der Universidad Nacional de Tucumán (Argentinien) und der Universidad Federal de Paraná (Brasilien), Promotion an der Universität zu Köln, Professor für Zivil- Arbeits- und Zivilprozessrecht an der Pontificia Universidad Católica de Valparaíso. Veröffentlichungen zum nationalen, Europäischen und rechtsvergleichenden Zivilprozessrecht. DAAD-Heidelberg-Dozent im Akademischen Jahr 2012/2013.

Dr. Avv. *Natale Rampazzo*, LL.M. (München), Studium der Rechtswissenschaft in Neapel (Federico II) und Promotion in Salerno, Primo Ricercatore beim Consiglio Nazionale delle Ricerche (Institut für Internationales Recht), Lehrbeauftragter für Römisches Recht an der Seconda Università di Napoli (S. Maria Capua Vetere). Veröffentlichungen zum römischen Zivilprozessrecht sowie zur römischen Rechtsgeschichte. DAAD-Heidelberg-Dozent im Akademischen Jahr 2012/2013.

Dr. *Simone Schmon*, Studium der Rechtswissenschaften in Freiburg, Promotion bei Prof. Dr. Paul Kirchhof in Heidelberg über Staatsverständnis in Kleists Prinz Friedrich von Homburg, betreute das DAAD-Heidelberg-Programm.

Prof. Dr. *Mario Varvaro* (Palermo), Studium und Promotion in Palermo, Kompositionsdiplom am Konservatorium Palermo, Professor für Römisches Recht und Rechte der Antike an der Universität Palermo. Veröffentlichungen zum römischen Dotal-, Sachen- und Zivilprozessrecht sowie zum römischen Strafrecht und zur Quellengeschichte. Stipendiat des Preußischen Kulturbesitzes und der Alexander von Humboldt-Stiftung in Berlin. DAAD-Heidelberg-Dozent im Akademischen Jahr 2010/2011.

Christian Baldus

Esperienza giuridica

Abstracts

The concept of "esperienza giuridica" lacks an adequate translation. It became important in Italian legal science; its development deserves interest from a German perspective, too. It might even help to build new bridges between procedural law and Roman law. This book assembles some pieces for such bridges.

Il concetto, di non facile traduzione, di "esperienza giuridica" ha acquistato certo peso specie nella scienza giuridica italiana. Il suo sviluppo merita anche l'interesse dell'osservatore tedesco. Potrebbe aiutare a favorire un ravvicinamento tra diritto processuale e diritto romano. Questo volume contiene alcuni spunti per un tale ravvicinamento.

1. Erfahrung: individuell und kollektiv

„Erfahrung" ist eine subjektive, eine nur begrenzt kommunizierbare, deswegen eine problematische Kategorie. Es gehört zum Repertoire der Konflikte zwischen Älteren und Jüngeren, dass Erstere sich auf die Erfahrung berufen, die Letztere nicht haben können. In solchen Momenten ist es die Verbindung von Subjektivität und Anspruch auf objektive Geltung, die geradezu provozierend wirken kann. Dieser Zusammenhang beschränkt sich nicht auf individuelle Alltagspsychologie.

„Erfahrung" ist – wie „Gedächtnis" – auch eine Metapher zur Erklärung kollektiver Entwicklungen. Man denke nur an die „historische Erfahrung" (verwandt dem kulturellen Gedächtnis). Freilich haben Kollektive die Möglichkeit, Erfahrungen anders weiterzugeben als Individuen, in ihrem Inneren wie nach außen: differenzierter, diffuser, wirkungsvoller. Dieses Weitergeben kann aktiv und bewusst sein. Es kann unbewusst oder auch, häufiger, und darum geht es zumeist in der Rechtsgeschichte, von der Empfängerseite her erfolgen: Man untersucht eine frühere oder auswärtige, jedenfalls eine fremde Erfahrung, und fragt, was sie der jeweiligen Gegenwart zu sagen weiß. Die Empfängerseite ist also eine Außenseite; Aneignung findet aktiv und *ex post* statt.

2. *Esperienza, experiencia*, Erfahrung: rechtlich?

Um die *esperienza giuridica / experiencia jurídica*[1] soll es im Folgenden gehen, wenngleich nur skizzenhaft. Für eine Begriffs- oder Wissenschaftsgeschichte dieser folgenreichen und signifikanten Metapher ist hier nicht der Ort. Als rechtsphilosophische entwickelt namentlich von Giuseppe Capograssi (1889–1956),[2] entfaltet und durchgesetzt in der Rechtsgeschichte vor allem von Riccardo Orestano (1909–1988),[3] ist sie namentlich im italienischen Schrifttum mittlerweile gängig bis selbstverständlich und von dort in den spanischen Begriffsraum übernommen worden.[4] Wie die spanischsprachige Rezeption[5] im Einzelnen verlaufen ist, scheint ungeklärt.[6] Was der ursprüngliche philosophische Hintergrund zum heutigen juristischen Begriffsgebrauch beiträgt, bleibt näher auszuleuchten.

Ganz selbstverständlich ist dieser Übergang in die Rechtsgeschichte, namentlich die neuere Romanistik, jedenfalls nicht: Das rechtsphilosophische Bemühen, innere Einheit des Rechts zu finden,[7] kontrastiert in gewisser Weise mit der

---

1 Weitere Sprachen seien hier der Einfachheit halber weggelassen. Die beiden genannten dominieren – zusammen mit dem Deutschen – die rechtsromanistische Debatte. So ist über Begriff und Sache zunächst in dem Dreieck zu sprechen, aus dem die Beiträge dieses Bandes stammen.

2 Vgl. nur Capograssi (1932), Capograssi (1937/1962). Kerngedanke ist, dass rechtswissenschaftliche Erkenntnis in besonderer Weise mit der Erfahrung praktizierten Rechts verbunden sei (Capograssi 1937/1962, 141–148). Die Spur ließe sich weiter verfolgen zu den Ausgangspositionen Capograssis vor allem bei Vico und in diversen neoidealistischen, aber auch lebensphilosophischen Strömungen. Zu Kontexten und Wirkungsgeschichte bereits die Einleitung von Piovani in Capograssi (1937/1962) iii-xxxii; aus der Schule Capograssis selbst etwa Delogu / Morace (2009).

3 Orestano (1987). Zur Wissenschaftsgeschichte jüngst Nardozza (2007) mit Rez. Stolfi (2008), Baldus (2011). Ein weiterer romanistischer Rezeptionsweg führt über Gabrio Lombardi (1913–1994); das wird an anderer Stelle auszuführen sein.

4 Die entsprechenden Titel sind nicht mehr überschaubar. Vgl. für jüngst Italien Ferrary (2012), in deutscher Sprache skizziert bei Baldus (2013); für den spanischen Sprachraum statt aller Castresana (2007) und Blanch (2011). Philosophiegeschichtlich zur *experiencia* in jüngerer Zeit etwa Goma (2005).

5 Der Begriff „Rezeption" wird im Folgenden ohne Problematisierung gebraucht. Vgl. zum Diskussionsstand Duve (2012).

6 Vgl. jedenfalls für eine frühe Stimme Torrent (1973) und für eine einflussreiche Position in der gegenwärtigen Rechtsphilosophie Luño (2011).

7 Capograssi verstand seine *esperienza giuridica* weder als Gegenpol zum *ordinamento giuridico* noch generell antisystematisch, antiabstrakt oder antiprinzipiell. Ebenso wenig findet sich bei ihm eine Abwertung des Gesetzes als Ordnungsfaktor und Auslegungsgegenstand. Das wird deutlich etwa an seinen Erwägungen zum Allgemeinen

Distanzierung der Romanistik von rückprojizierten System- und Einheitlichkeitsvorstellungen. Die *esperienza giuridica* wurde daher zeitweise von Romanisten bewusst gegen den Begriff der „Rechtsordnung“ (*ordinamento giuridico*)[8] gestellt.[9] Heute, wohl im Gefolge der Durchsetzung des Begriffs, wird die *esperienza* hingegen oftmals ähnlich verwendet wie früher das *ordinamento*: als Allgemeinbezeichnung für die Gesamtheit der untersuchten Realität, etwa des römischen Rechts.

Das ist (soweit nicht gedankenlos) bemerkenswert, *glissement sémantique* eines programmatischen Begriffs: „Rechtserfahrung“ ist dann nicht oder nicht nur der historische Prozess, sondern auch das Recht selbst, die Gesellschaft selbst, die man betrachtet: also das Ergebnis eines Prozesses. Nur will man das planende, das systematische Moment aus der deutschen „Rechtsordnung“ (dazu sogleich) nicht haben: Es soll gerade das Fließen des historischen Prozesses betont werden. Oft steht diese Tendenz mit einem historisierenden, antidogmatischen, bisweilen personalisierenden Herangehen an das Recht[10] insgesamt in Zusammenhang. Es kann aber sachlich auch um Dogmengeschichte gehen – was mit der eben beschriebenen flächendeckenden Übernahme des Begriffs *esperienza* zu tun haben mag. Offen bleiben soll hier die sprachliche Frage, ob *esperienza* in der Schattierung weniger passiv ist als die deutsche Erfahrung. Die lateinische Wurzel mag, jedenfalls in juristischem Zusammenhang, in diese Richtung deuten: *experiri* bezeichnet in den Digesten unter anderem das Ausprobieren und das gerichtliche Klagen.[11]

Jedenfalls: Man muss in Italien heute nicht mehr schreiben *esperienza storica* oder *esperienza giuridica*; einzelne neuere Titel belassen es bei dem Substantiv.[12]

Teil (Capograssi 1937/1962, 73–91) und zur Auslegung (aaO. 113 f.): Der Interpret soll sogar zunächst auf den Zusammenhang der Normen schauen, nur dass dieser Zusammenhang aus der gelebten Norm zu entwickeln sei, nicht aus einer abstrakt-hierarchischen Setzung im Sinne des zeitgenössischen Positivismus.

8 Eine vielleicht signifikante Kuriosität bietet der portugiesische Sprachgebrauch: Statt *ordem jurídica* findet sich bisweilen *ordenamento jurídico* (frdl. Hinweis von Vivianne Ferreira Meşe, Heidelberg).

9 Das kommt im Rahmen der Debatte um das (äußere oder innere) System im römischen Recht etwa im Titel von Cuena Boy (1998) zum Ausdruck. Zur Sache Baldus (2001), Gokel (2014).

10 Dazu für die Romanistik die Beiträge in Baldus / Miglietta / Santucci / Stolfi (2012).

11 Vgl. Heumann / Seckel (1907) s.v. Vgl. auch den technischen Ausdruck „esperire una azione“ im Italienischen (frdl. Hinweis von Mario Varvaro, Palermo).

12 Das erinnert an die Erklärung in Orestano (1987) 1 f. für die Titeländerung gegenüber der Vorauflage: Das Adjektiv „historisch“ in „Introduzione allo studio storico del diritto romano“ sei pleonastisch, weswegen „allo studio“ genüge.

Prozessrecht, stellen sich besondere Fragen. Grundlagenorientierung, Internationalisierung und Interdisziplinarität müssen hier in einander greifen.[18] Das bedeutet: Weder liegt ein Relevanzmonopol bei den dogmatischen Fächern, noch hat die Rechtsgeschichte belehrend aufzutreten. Es wäre schon viel gewonnen, wenn ein lange vernachlässigter Dialog wieder an Intensität und Tiefe gewänne.

7. Rechtsgeschichte und Prozessrecht: Zu diesem Buch

In diesem Lichte verspricht eine engere Zusammenarbeit zwischen Romanisten und Prozessualisten einiges. Speziell in Heidelberg kann eine Zusammenschau von Prozess und Geschichte sich auf große historische Vorläufer berufen.[19] Die Gäste im DAAD-Heidelberg-Programm repräsentieren eine Generation, die unter veränderten Verhältnissen zu einer solchen zeitgemäßen Zusammenschau beitragen kann.

Dem Geist des Programms entsprechend (dazu *Schmon*, in diesem Band) wurden keine Forschungs- oder Publikationsthemen vorgegeben. So sind Konsonanzen in diesem Band strukturell bedingt oder zufällig, Dissonanzen beleben die Debatte, und nota bene wurde auch niemandem vorgegeben, er habe sich begrifflich oder sachlich auf die „Rechtserfahrung" zu beziehen. Inhaltlich haben wir in die Beiträge selbstverständlich auch nicht eingegriffen. Insbesondere wurden die durchaus unterschiedlichen Zugänge zur Rechtsgeschichte nicht kommentiert oder angeglichen. Das ist Wissenschaft als ungeplanter historischer Prozess,[20] *come esperienza*: das, was in der gegenwärtigen politischen Landschaft oft zu kurz kommt und das, was allein historisch bestehen kann.

---

18 Nicht zufällig stehen diese drei Aspekte für den Wissenschaftsrat in seinem Bericht von 2012 im Vordergrund; zum Bericht jetzt ein Schwerpunktheft der JZ (14/2013); für eine Einschätzung des vom WR vorgelegten Berichtes aus dem deutsch-spanischen Horizont heraus s. Baldus (2013a).

19 Zu Mittermaier vgl. Hess (2013).

20 Dazu gestatte ich mir den Hinweis auf Baldus (2006).

Literaturverzeichnis

Andrés Santos (2006): *Francisco Javier Andrés Santos,* Was erwartet sich die Geschichte des europäischen Privatrechts von der deutschen Rechtswissenschaft?, in: *Christian Baldus / Peter-Christian Müller-Graff* (Hrsg.), Die Generalklausel im Europäischen Privatrecht. Zur Leistungsfähigkeit der deutschen Wissenschaft aus romanischer Perspektive (München 2006) 93–114 (97–102).

Avenarius (2008): *Martin Avenarius,* Tradition, Vorverständnis und Wirkungsgeschichte der Quellen. Vom Einfluß der geisteswissenschaftlichen Hermeneutik auf das romanistische Verstehen. In: Hermeneutik der Quellentexte des Römischen Rechts. Herausgegeben von Martin Avenarius (Baden-Baden 2008) 9–29.

Avenarius (2010): *Martin Avenarius,* Verwissenschaftlichung als „sinnhafter" Kern der Rezeption: eine Konsequenz aus Wieackers rechtshistorischer Hermeneutik, in: *Okko Behrends/Eva Schumann* (Hrsg.), Franz Wieacker - Historiker des modernen Privatrechts (Göttingen 2010) 119–180.

Baldus / Miglietta / Santucci / Stolfi (2012): *Christian Baldus / Gianni Santucci / Massimo Miglietta / Emanuele Stolfi* (a cura di), Dogmengeschichte und historische Individualität der Juristen. Storia dei dogmi e individualità storica dei giuristi romani. Atti del Seminario internazionale (Montepulciano 14–17 giugno 2011), Lavis (Trento) 2012.

Baldus (2001): *Christian Baldus,* Historische Grundlagen für ein europäisches Systemdenken im Recht? Zugleich Besprechung von Cuena Boy (1998), in: Labeo 47 (2001) 122–134.

Baldus (2006): *Christian Baldus,* Bezahlt die Forscher auch fürs Lesen. Zeitressourcen und Interdisziplinarität, in: Forschung und Lehre 13 (2006) 450 ff.

Baldus (2011): *Christian Baldus,* Rez. zu Nardozza (2007), in: SZ 128 (2011) 725–732.

Baldus (2013): *Christian Baldus,* Rezension zu *Ferrary* (2012), in: Der Staat 52 (2013) 331–335.

Baldus (2013a): *Christian Baldus,* El informe del *Wissenschaftsrat* „Perspectivas de la ciencia jurídica en Alemania" [Einführung zur auszugsweisen Übersetzung von WR, Drucksache 2558–12 - Köln, 9.11.2012], in: Anuario de Derecho Civil (ADC) 66, 2013, 27–58], in: ADC 66 (2013) 5–26.

Blanch (2011): *Juan Manuel Blanch Nougués, Ius publicum* y *ius privatum* en la experiencia histórica del derecho. Un ejemplo insólito en las distinciones de Bártolo expuestas a través de esquemas, in: *Patricio-Ignacio Carvajal / Massimo Miglietta* (ed. científicos), Estudios jurídicos en Homenaje al Profesor Alejandro Guzmán Brito I (2011) 395–457.

Capograssi (1937/1962): *Giuseppe Capograssi*, Il problema della scienza del diritto (Milano 1937, rist. 1962).

Castresana (2007): *Amelia Castresana*, A propósito de un ensayo de síntesis: Realidad histórica y experiencia jurídica, in: Patricio Carvajal (dir.), Estudios de Derecho Romano en Homenaje al Prof. Dr. Francisco Samper Polo (con ocasión de su jubilación en la Pontificia Universidad Católica de Chile) (Santiago de Chile 2007) 245–258.

Cuena Boy (1998): *Cuena Boy*, Sistema jurídico y Derecho Romano. La idea de sistema jurídico y su proyección en la experiencia jurídica romana (Santander 1998).

Delogu / Morace (2009): *Antonio Delogu / Aldo Maria Morace*, Esperienza e verità – Giuseppe Capograssi: un Maestro oltre il suo tempo (Bologna 2009).

Duve (2012): *Thomas Duve*, Von der Europäischen Rechtsgeschichte zu einer Rechtsgeschichte Europas in globalhistorischer Perspektive (From a European Legal History Towards a Legal History of Europe in a Global Historical Perspective) (August 31, 2012). Max Planck Institute for European Legal History No. 2012–01; http://ssrn.com/abstract=2139312.

Ferrary (2012): *Jean-Louis Ferrary* (a cura di), Leges publicae. La legge nell'esperienza giuridica romana (Pavia 2012).

Gokel (2014): *Julia Gokel*, Sprachliche Indizien für inneres System bei Q. Cervidius Scaevola (Berlin 2014).

Goma (2005): *Javier Goma Lanzón*, Imitación y experiencia (Barcelona 2005).

Herzog (2014): *Benjamin Herzog*, Anwendung und Auslegung von Recht in Portugal und Brasilien. Eine rechtsvergleichende Untersuchung aus genetischer, funktionaler und postmoderner Perspektive. Zugleich ein Plädoyer für mehr Savigny und weniger Jhering (Tübingen 2014).

Hess (2013): *Burkhard Hess*, Carl Josef Anton Mittermaier – Zivilprozessrecht in Europa: vom 19. Jahrhundert bis in die Gegenwart, in: *Christian Baldus / Herbert Kronke / Ute Mager* (Hrsg.), Heidelberger Thesen zu Recht und Gerechtigkeit. Ringvorlesung der Juristischen Fakultät anlässlich der 625-Jahr-Feier 2011 (Tübingen 2013) 143–159.

Heumann / Seckel (1907): *H. Heumann / E. Seckel*, Handlexikon zu den Quellen des römischen Rechts (9. Aufl. Jena 1907).

Luño (2011): *Antonio-Enrique Luño* (con la colaboración de Carlos Alarcón Cabrera, Rafael González-Tablas y Antonio Ruiz de la Cuesta), Teoría del derecho: una concepción de la experiencia jurídica (Madrid 2011).

Nardozza (2007): *Massimo Nardozza*, Tradizione romanistica e ‚dommatica' moderna. Percorsi della romano-civilistica italiana nel primo Novecento (Torino 2007).

Orestano (1987): *Riccardo Orestano*, Introduzione allo studio del diritto romano (Bologna 1987).

Stolfi (2008): *Emanuele Stolfi*, Rez. zu Nardozza (2007), in: Studi Senesi 120 (2008) 361–377.

Torrent (1973): *Armando Torrent*, Conceptos fundamentales del ordenamiento jurídico romano (Salamanca 1973).

Simone Schmon

Das DAAD-Heidelberg-Programm

Die Heidelberger Juristenfakultät war – getreu dem Universitätsmotto *semper apertus* – von Anfang an international. Nach der Universitätsgründung 1386 durch Ruprecht I. kamen etwa der Brabanter Rechtsgelehrte Johann van de Noet aus Prag und der Aragoneser Mathäus Clementis nach Heidelberg. Im 16. Jahrhundert kamen die Franzosen François Balduinus, Hugo Donellus und Dionysius Gothofredus. Selbstverständlich war die Wissenschaftssprache damals noch Latein. Samuel Pufendorf, der 1661 nach Heidelberg berufen wurde, schrieb seine Abhandlung zum Völkerrecht „*de iure naturae et gentium*" auf Latein.[1]

Erst im 19. Jahrhundert brach das Zeitalter der deutschen Rechtswissenschaft an, das zugleich zur Glanzzeit der Heidelberger Juristenfakultät wurde. Anton Justus Thibaut verfasste hier seine berühmte Streitschrift „Über die Notwendigkeit eines allgemeinen bürgerlichen Rechts für Deutschland"[2], weitere bedeutende Heidelberger Pandektisten waren Karl Adolf von Vangerow und Bernhard Windscheid.[3] Carl Josef Anton Mittermaier[4], Robert von Mohl[5], später Georg und Walter Jellinek, Gerhard Anschütz und Gustav Radbruch[6] lehrten in Heidelberg.

Diese Namen sind es, die bis heute fallen, wenn man die vielen ausländischen Gastwissenschaftler fragt, was sie nach Heidelberg führt.

In der Juristerei ist die Beherrschung des Deutschen für viele Wissenschaftler nach wie vor eine Notwendigkeit. Nicht nur, wenn man die Abhandlungen der oben Genannten im Original lesen will. Deutsche Kodifikationen wurden in alle Welt exportiert. Genannt sei an dieser Stelle nur das Bürgerliche Gesetzbuch, das Ländern wie Griechenland, Japan und Brasilien zum Vorbild ihrer eigenen privatrechtlichen Regelwerke diente[7], die deutsche Verwaltungslehre und nicht

---

1 Siehe insgesamt zu den Anfängen der Heidelberger Juristischen Fakultät Schroeder (2014).
2 Schroeder (2010) 23 f.
3 Schroeder (2010) 143–150, 239–242.
4 Schroeder (2010) 133–142.
5 Schroeder (2010) 167–174.
6 Schroeder (2010) 286–296, 399–409, 435–450.
7 Wieacker (1967) 484–486.

zuletzt die Arbeiten z. B. eines Otto Lenel im römischen Recht, die bis heute zu den Klassikern des Fachs zählen.

Daran wollte die Juristische Fakultät anknüpfen und konnte für ein Stipendienprogramm zur Förderung von Nachwuchswissenschaftlern, die in ihrem Forschungsgebiet die besondere Notwendigkeit empfinden, sich mit der Deutschen Sprache auseinanderzusetzen, den Deutschen Akademischen Austauschdienst (DAAD) als Kooperationspartner gewinnen. Daneben wurde das Programm von der Manfred-Lautenschläger-Stiftung unterstützt.

Für den wissenschaftlichen Nachwuchs ist es aufgrund der mannigfachen Verpflichtungen, die auf ihn zukommen, nachdem die erste Stufe des Dozentenstatus erreicht ist, häufig fast unmöglich, eine längere Zeit im Ausland zu verbringen. Das DAAD-Heidelberg-Programm sah deshalb zwei kürzere Aufenthalte bis zu drei Monaten, verteilt auf zwei Jahre vor, um den besonderen Bedürfnissen junger Wissenschaftler mit Dozentenstatus gerecht zu werden.

Das Programm sollte es den Wissenschaftlern nicht nur ermöglichen, für eine gewisse Zeit in Ruhe in den Heidelberger Bibliotheken zu forschen, sie sollten auch ihre Lehrerfahrung ausweiten können. Jeder der Stipendiaten hatte daher zu seiner aktuellen Forschung ein Seminar in deutscher Sprache abzuhalten. Für viele war dies eine bereichernde Erfahrung. Sie berichteten anschließend, dass sie diese Lehrform auch gerne in ihren Heimatländern pflegen wollen.

In den drei Jahren des Programms sind insgesamt 14 Stipendiatinnen und Stipendiaten nach Heidelberg gekommen. Sie waren zwischen 34 und 39 Jahre alt und meist als Privatdozenten, *assistant* oder *associate professors* an ihren jeweiligen Heimatuniversitäten tätig. Einige sind inzwischen ordentliche Professoren. Sie kommen aus Italien, Spanien, Griechenland, der Türkei, Ungarn, Taiwan und Chile. Von den 14 Stipendiaten waren zwei Frauen. Eine Mehrheit beschäftigte sich mit römischer Rechtsgeschichte oder mit Problemen des Zivilprozessrechts, so dass eine Zusammenstellung der Forschungsergebnisse, so wie sie im vorliegenden Band vorgenommen wurde, gerechtfertigt erscheint, obwohl sie nicht die gesamte thematische Bandbreite der Forschung der Stipendiaten abbildet – eine zweite Gruppe hatte ihren Forschungsschwerpunkt vor allem im Verwaltungsrecht und im Steuerrecht.

Ziel des Programms war es weiter, den Stipendiaten die Möglichkeit zu geben, ihre Kenntnisse der deutschen und insbesondere der Heidelberger Forschungslandschaft zu vertiefen, daneben sollten sie einen tieferen Einblick in die deutsche Rechtskultur im Allgemeinen erhalten. Bei regelmäßig stattfindenden „Tischgesprächen" hatten die Stipendiaten die Möglichkeit, bekannte Persönlichkeiten des Heidelberger Rechtslebens kennenzulernen. Die Stipendiaten besuchten den Bundesgerichtshof und das Bundesverfassungsgericht in Karlsruhe und informierten sich über Rechtsprechung in Deutschland.

Das Programm wurde von allen Stipendiaten als Erfolg gelobt. So ist die Juristische Fakultät ihrem Ziel, Heidelberg noch mehr als bisher zu einem internationalen Anziehungspunkt für junge Rechtswissenschaftler zu machen und dabei die Wissenschaftssprache Deutsch zu fördern, mit dem DAAD-Heidelberg-Programm ein großes Stück näher gekommen.

Literaturverzeichnis

Schroeder (2010): *Klaus-Peter Schroeder*, „Eine Universität für Juristen von Juristen" Die Heidelberger Juristische Fakultät im 19. und 20. Jahrhundert (Tübingen 2010).

Schroeder (2014): *Klaus-Peter Schroeder*, Die juristische Fakultät der pfälzischen Hohen Schule zu Heidelberg von ihren Anfängen bis zum Jahre 1802 (Neustadt 2014).

Wieacker (1967): *Franz Wieacker*, Privatrechtsgeschichte der Neuzeit unter besonderer Berücksichtigung der deutschen Entwicklung (2. Aufl. Göttingen 1967).

Patricio Lazo

Beschränkte und unbeschränkte Haftung eines Schifffahrtsunternehmens im römischen Recht

Abstracts

The study is based on an exegesis of two passages of the Digest containing assumptions that are similar in many ways and are referred to the liability of the bussinesman whose employee has carried out shipping bussines. The study is aimed at rebuilding the thinking of the classic jurists authoring the aforementioned passages, also aiming at delimiting the scope of the *de peculio* and *tributoria* actions and clarifying the use of the notions of *actio tributoria* and *actio quasi tributoria.*

Lo studio si basa su un'esegesi di due brani del Digesto che contengono ipotesi in grande misura analoghe. Questi brani trattano della responsabilità dell'imprenditore il cui "sottoposto" ha svolto il commercio di spedizione marittima. Lo studio si propone di ricostruire il pensiero dei giuristi autori dei passi esaminati e dei loro predecessori. Un altro obiettivo è quello di definire l'ambito di validità dell'azione di *peculio* e *tributoria*, per chiarire l'uso delle nozioni dell'*actio exemplo tributoriae* e *dell'actio quasi tributoria.*

1. Die Texte

Die Auslegung zweier Digestenfragmente, D. 14,1,1,19–20 (Ulp. 28 *ad ed.*) und. D. 14,1,6 pr. (Paul. 6 *brev.*) zeigt, dass beide Fragmente einem Urfall entstammen, der sukzessive Abfassungen gehabt hat. Ihre Texte sind:

D. 14,1,1,19 (Ulp. 28 *ad ed.*) *Si is, qui navem exercuerit, in aliena potestate erit eiusque voluntate navem exercuerit, quod cum magistro eius gestum erit, in eum, in cuius potestate is erit qui navem exercuerit, iudicium datur.* (20) *Licet autem detur ^ datur^ actio in eum, cuius in potestate est qui navem exercet, tamen ita demum datur, si voluntate eius exerceat. ideo autem ex voluntate in solidum tenentur qui habent in potestate exercitorem, quia ad summam rem publicam navium exercitio perinet. at institorum non idem usus est: ea propter in tributum dumtaxat vocantur, qui contraxerunt cum eo, qui in merce peculiari sciente domino negotiatur. sed si sciente dumtaxat, non etiam volente cum magistro contractum sit, utrum quasi in volentem damus actionem in solidum an vero exemplo tributoriae dabimus? in re igitur dubia melius est verbis edicti servire et neque scientiam solam et nudam patris dominive in navibus onerare neque in peculiaribus mercibus voluntatem extendere ad solidi obligationem. et ita videtur et pomponius significare, si sit in aliena potestate, si quidem voluntate gerat, in solidum eum obligari, si minus, in peculium.*

D. 14,1,6 pr. (Paul. 6 *brev.*) *Si servus non voluntate domini navem exercuerit, si sciente eo, quasi tributoria, si ignorante, de peculio actio dabitur.*

Obwohl die Fragmente sich von einander unterscheiden, verweist der Kern jedes *responsum* im Zusammenhang mit dem dargestellten Sachverhalt und der rechtlichen Bewertung auf einen ähnlichen Inhalt. Sie können dazu beitragen, die dogmatische Verbindung von Konzepten wie dem *peculium* und der beschränkten Haftung nachzuvollziehen und wirtschaftliche Kategorien der römischen Juristen näher zu beleuchten.[1]

2. Beschreibung der von Juristen gebotenen Vermutungen und Lösungen

Im ersten Text (D. 14,1,1,19), der aus Ulpians Kommentar *ad edictum* stammt, gewährt unser Jurist demjenigen die *actio exercitoria* (Reederklage), der mit

1 Pugliese (1959) 306 f.; Di Porto (1984) 226 ff., 304 f., 326 ff.; Chiusi (1993) 321 ff.; Földi (1998) 181 ff.; Stolfi (2001).

einem *magister navis* einen Vertrag abgeschlossen hat. Der *Magister navis* (Schiffskapitän) wurde seinerseits von einem gewaltunterworfenen *exercitor navis* (Schiffsreeder) mit dieser Aufgabe betraut. Ulpian gewährt die *actio exercitoria* gegen den *pater* oder *dominus*, wenn der *exercitor* seine geschlossenen Geschäfte auf dessen Willen gestützt hatte. D. 14,1,1,20 wiederholt dieses Konzept und bestimmt, dass der *pater* oder *dominus* für die ganze Leistung (*in solidum*) des Schiffsreeders verantwortlich ist. Der Text enthält weiterhin einen Gedankengang über Angestellte (*institores*), für die etwas anderes galt als für den Schiffskapitän: *at institorum non idem usus est.* Das Argument dabei lautet: Wer mit Wissen des Hausvaters mit einem Angestelltem desselben einen Vertrag geschlossen hat, kann, insoweit der Angestellte einen Warenbestand (*merx peculiaris*) verwaltet, nur die Verteilung des Warenbestandes unter Anwesenheit des *dominus* (was eine *par condicio creditorum* zur Folge hat) verlangen (*in tributum dumtaxat vocantur*). Ulpian betont nämlich, dass in diesem Fall die Haftung des Gewalthabers auf den Umfang des Warenbestandes (*merx peculiaris*) beschränkt ist, um dessen Verteilung die Gläubiger konkurrieren. Dabei entsteht jedoch folgendes Problem: Was soll geschehen, wenn der Vertrag nicht mit Willen, sondern nur mit Wissen (*sciente dumtaxat non etiam volere*) des Gewalthabers geschlossen wurde? Nach Ulpian gibt es in diesem Fall zwei mögliche Alternativen: entweder die Klage *in solidum* — gemäß dem potentiellen Willen des Gewalthabers — oder eine Klage *exemplo tributoriae,* das heißt eine Klage nach dem Vorbild der Verteilungsklage (*actio tributoria*). Ulpians Wahl fällt auf die zweite Option, weil es im Zweifelsfall besser ist, dem Wortlaut des Edikts zu folgen (*melius est edicti servire*) und die *in solidum*-Haftung nicht auf einen Fall auszuweiten, bei dem nur das Wissen, nicht hingegen der Wille des Gewalthabers vorliegt. Laut Ulpian war Pomponius der gleichen Meinung: Stützt sich ein Geschäft auf den Willen des Gewalthabers, bezieht sich die Haftung auf die ganze Leistung (*in solidum*), andernfalls *in peculio.* Es ist klar, dass Ulpians Fall Gegenstand eines *responsum* von Pomponius wurde. Pomponius' Lösung ergibt sich aus der Ulpians.

D. 15,1,6 pr., wird aus Paulus' Kommentar (*ad edictum*) exzerpiert. Nach Paulus wird die *quasi*-Verteilungsklage gewährt, wenn ein Sklave ein Schiff ohne Willen aber mit Wissen des Gewalthabers führt. Fehlt das Wissen des Gewalthabers, wird Klage wegen des Sonderguts (*actio de peculio*) gewährt.

Trotz der Kürze des Paulus-Textes ist die Ähnlichkeit mit dem Fragment Ulpians und beider (des von Paulus und des von Ulpian) mit demjenigen des Pomponius, der als erster über den Fall entschied, ersichtlich. Dem Problem liegt bei allen Juristen ein ähnlicher Sachverhalt zugrunde: Ein Gewaltunterworfener betreibt ein Schiff, im Hinblick auf die Klage kommt es diesbezüglich auf das

und *actio de peculio*) beibehalten wollte, ihr aber eine neue Stufe hinzufügte: die *actio quasi tributoria.*

5. Die Klage „*exemplo tributoriae*" und „*quasi tributoria*" im Zusammenhang mit dem juristischen Gedankengang

Paulus' und Ulpians Lösungen widersprechen nicht dem ersten Teil von Pomponius' Lösung, weil sie von einer *actio exercitoria* ausgehen, wenn der Wille des Gewalthabers vorhanden ist. Es gibt in diesem Punkt einen kohärenten juristischen Gedankengang und keine verschiedenen Meinungen.

Im zweiten Teil gewährt Ulpian eine *actio exemplo tributoriae.* Dies hat zwei Gründe. Der erst ist methodischer Art: Ulpian glaubt, dass es, wie gesagt, im Zweifel besser ist, dem Wortlaut des Edikts zu folgen. Dann aber wäre es unmöglich, das Wissen als Willen des Gewalthabers auslegen („*in re igitur dubia melius est verbis edicti servire et neque scientiam solam et nudam patris dominive... voluntate extendere*"). Der zweite Grund besteht in der beschränkten Haftung: Bei Schifffahrtsunternehmen, insbesondere bei Waren des Sonderguts, soll die Einwilligung nicht bis an die Grenze einer Leistung *in solidum* („*in navibus onerare neque in peculiaribus mercibus voluntatem extendere ad solidi obligationem*") ausgedehnt werden.

Darf angenommen werden, dass Ulpians Lösung eine Abänderung der Lehre des Pomponius bedeutet? Meiner Meinung nach wollte Ulpian Pomponius' Lehre folgen, das heißt, dass, wenn ein Wille des Gewalthabers nicht vorlag, die Haftung beschränkt sei. Dann wäre Ulpians Fragment eine Variante von Pomponius' Lehre. Weiter unterscheidet Ulpian die aus *scientia* (*actio exemplo tributoriae*) stammenden Wirkungen von denjenigen, die nicht aus *scientia* (*actio de peculio*) stammen. In beiden Fällen ist der Gewalthaber verantwortlich; in Ulpians Gedankengang gilt die *actio de peculio* als Faustregel für die beschränkte Haftung.

Paulus spricht nicht von Klagegewährung. Ist das Fragment unvollständig? Wir wissen es nicht. Aber Paulus hätte in diesem Fall kein *responsum* gegeben, das heißt, die *actio exercitoria* erwähnt.[10] Paulus unterscheidet beim Nichtwissen

10 Albertario (1912) 14 f. vermutet eine Interpolation in „*si sciente eo quasi tributoria, si ignorante*" und nennt zwei Gründe dafür: zum einen sei das Fragment ohne diese Unterscheidung verständlich; zum anderen, dass „i classici non aggrovigliano le ipotesi con questo succedersi di proposizioni condizionali (*si non voluntate domini, si sciente eo, si ignorante*)"; dieser Gedankengang sei byzantinisch. Pugliese (1959) 312 glaubt, dass dies nur unelegant, aber nicht byzantinisch sei. Meiner Meinung nach gibt es keinen Grund, die Echtheit des Fragments zu bezweifeln.

bezüglich der von Sklaven geschlossenen Geschäfte und kommt zu unterschiedlichen Ergebnissen: Wenn der *dominus* kein Wissen darüber hatte, dass der Sklave ein *exercitor* war, dann sollte die *actio de peculio* gewährt werden. Wusste der *dominus*, dass der Sklave eine *exercitor* war, dann sollte die *actio tributoria* gewährt werden.[11] Es gibt also einen Zusammenhang mit der Entscheidung des Pomponius, deren Anwendung wird allerdings auf das Nichtwissen begrenzt. Bezüglich der *actio de peculio* und der Lösungen von Pomponius und Ulpian führt Paulus also keine Neuerung ein.

6. Vermutungen über die Gründe der Klagen „*quasi tributoria*" und „*exemplo tributoria*"

Warum gewähren Paulus und Ulpian nicht die *actio tributoria*, sondern die „*actio quasi tributoria*" und die „*actio exemplo tributoriae*"? Es sei bemerkt, dass zu der Zeit, in der Paulus und Ulpian ihre Lösungen entwickelten, Schifffahrtsunternehmen aus wirtschaftlichen und juristischen Gründen aus dem Anwendungsgebiet der *actio tributoria* herausfielen. Deshalb gab es für Pomponius nur zwei Alternativen: entweder die *actio exercitoria* oder die *actio de peculio*. Nach Chiusi war das so, weil *navem exercere* keine Austauschaktivität war, für die die *actio tributoria* gewährt wurde.[12] Nach Földi sollte die *actio tributoria* gewährt werden, wenn missbräuchlicherweise die Haftung des Schiffsreeders beschränkt wurde, die zu Pomponius' Zeit unbeschränkt war.[13] Frier und Kehoe[14] vermuten, dass es Ziel der Sklavennutzung gewesen sei, Informationsasymmetrien zu vermeiden.[15] Eine Haftungsbeschränkung wäre somit ein Mechanismus gewesen, um zu vermeiden, dass der Vertragspartner aus einer Informationsasymmetrie Vorteile zieht. Dies wäre insbesondere in Fällen wichtig gewesen, wo ein Gewaltunterworfener in großer Entfernung vom *dominus* ein Unternehmen führte.

Meiner Meinung nach gründen Ulpian und Paulus ihre Lösungen auf das Edikt *de tributoria actione*. Möglicherweise wollte die römische Jurisprudenz der spätklassischen Zeit einen Ausgleich schaffen zwischen Gläubigerinteresse und beschränkter Haftung des Unternehmers, der einem Hauskind oder Sklaven ein

---

11 Albertario (1912) 14 ff. nimmt an, dass die Beziehung auf die *actio quasi tributoria* eine Interpolation ist; so auch Pugliese (1959) 31. Pesaresi (2008) 17 behauptet, dass die von Paulus gewährte Klage die *tributoria* sei.

12 Chiusi (1993) 326.

13 Földi, (1998) 192.

14 Frier/Kehoe (2007) 113–143.

15 Frier/Kehoe (2007) 130.

Sondergut überlassen hatte. Beide Juristen suchen nach einer gerechten Lösung und schenken dabei zwei Elementen besondere Aufmerksamkeit: die Schwierigkeit, den Willen des *dominus* nachzuweisen, und die Umstände der Gläubiger. Diese müssen zur zeitgleich mit dem *dominus* an der Verteilung des Warenbestandes (*tributum*) teilhaben. In diesem Kontext haben die Gläubiger die Wahl zwischen *actio de peculio* und *actio tributoria.* Um das *ius deductionis* des Gewalthabers zu vermeiden, klagen die Gläubiger mit der *actio tributoria,* aufgrund deren besonderer Verteilung der *dominus* kein *ius deductionis* hat. Wenn es dabei Schwierigkeiten gibt, schlagen beide Juristen eine Klage vor, deren Vorbild die *actio tributoria* ist und die als geeignet für Schifffahrtsunternehmen angesehen wird.

In diesem Gedankengang bilden die verschiedenen Lösungen ein dreistufiges Haftungsschema: erste Stufe ist der Wille in Verbindung mit der *actio exercitoria*; zweite Stufe ist das Wissen in Verbindung mit der *actio quasi tributoria* oder *ad exemplum tributoriae;* die dritte Stufe ist das Nichtwissen in Verbindung mit *actio de peculio.*

7. Sondergut und Haftungsbeschränkung

Die Lösungen dieser Fragmente setzen ein Sondergut oder einen Warenbestand voraus, den der Gewalthaber seinem Haussohn oder Sklaven überlassen hat. Kann man annehmen, dass Pomponius, Ulpian und Paulus einer juristisch-wirtschaftlichen Tendenz folgen, weil die Haftungsbeschränkung als Faustregel erscheint? Es scheint in der Tat, als wollten die Juristen damit die Betriebsgefahr begrenzen, was für Gläubiger auch bedeutet, dass damit ihre Gewinnerwartung begrenzt wurde.

Pesaresi[16] hat mit Recht vermutet, dass die *actio de peculio* zur Faustregel des Vertragshaftungssystems wurde, die subsidiär und unwiderruflich galt. Es gab dann eine juristische Strömung, die bemüht war, die Haftungsbeschränkung als Faustregel zur Geltung zu bringen, und die hier analysierten Texte liefern den Beweis dafür, dass dies bei Pomponius zum Tragen kommt. Es besteht bei den spätklassischen Juristen vermutlich gewissermaßen auch ein Konsens über wirtschaftliche Kategorien, z. B. die Haftungsbeschränkung.[17] Weiterhin behauptet Pesaresi, dass die spätklassischen Juristen ihr aktionenrechtliches Denken an der Begründung stillschweigender Sondergüter ausgerichtet hätten. Der Sonder-

16 Pesaresi (2008) 17.

17 Melillo (2000) 36 glaubt zu Recht, dass es möglich ist, aus *rationes decidendi* die wirtschaftlichen Prämissen der römischen Juristen zu rekonstruieren.

gutsbegriff wurde nutzbar gemacht, um Probleme in Verbindung mit wirtschaftlichen Aktivitäten zu lösen, die nur im Zusammenhang mit einem Sondergut ausführbar waren. In den hier analysierten Fällen wurde das Sondergut vermutet, es musste nicht tatsächlich vorliegen. Deshalb finden wir in diesen Texten kaum Erwähnung von Sondergütern. Diese Abwesenheit eines tatsächlich vorliegenden Sonderguts in den Fällen steht in einem engen Verhältnis zu dieser Feststellung. Es wird vermutet, dass die römischen Juristen den Sondergutsbegriff ihren responsa stillschweigend zugrunde legten, weil die Haftungsbeschränkung dort Faustregel war. Ziel dieser Juristen war, den Begriff der Haftungsbeschränkung zu entwickeln. Dabei nahm die tatsächliche Erwähnung des Sonderguts in dem Maße ab, wie die Haftungsbeschränkung auf eine größere Anzahl von Fällen angewendet wurde.

Literaturverzeichnis

Albertario (1912): *Emilio Albertario*, L'actio quasi institoria (Pavia 1912).

Chiusi (1993): *Tiziana Chiusi*, Contributo allo studio dell'editto «De tributoria actione» (Roma 1993).

Di Porto (1984): *Andrea di Porto*, Impresa collettiva e schiavo «manager» in Roma antica, (Milano 1984).

Földi (1998): *András Földi*, La responsabilità dell'avente potestà per atti compiuti dall'exercitor suo sottoposto, in: Studia et Documenta Historiae et Iuris (SDHI) 64 (1998) 179–202.

Frier/Kehoe (2007): *Bruce Frier / Dennis Kehoe*, Law and economic institutions, in: The Cambridge Economic History of the Greco-Roman Ancient Law (Cambridge / New York 2007) 113–143.

García Garrido (1987): *Manuel García Garrido*, Redacciones coincidentes (leges geminatae) y casos jurisprudenciales semejantes (capita similia), in: Estudios en honor de Álvaro d'Ors, Bd. I (Pamplona 1987) 517–537.

García Garrido (1988): *Manuel García Garrido*, Realidad y abstracción en los casos jurisprudenciales romanos, in: Estudios en homenaje al Profesor Juan Iglesias, Bd. I (Madrid 1988) 249–261.

García Garrido (2006): *Manuel García Garrido*, Casuismo y Jurisprudencia romana (3. Aufl. Madrid 2006).

Lenel (1889): *Otto Lenel*, Palingenesia Iuris Civilis, Bd. II (Leipzig 1889).

Melillo (2000): *Generoso Melillo*, Categorie economiche nei giuristi romani (Napoli 2000).

Pesaresi (2008): *Roberto Pesaresi*, Ricerche sul peculium imprenditoriale (Bari 2008).

Pugliese (1959): *Giovanni Pugliese*, In tema di actio exercitoria, in: Studi in onore di Francesco Messineo (Milano 1959).

Stolfi (2001): *Emanuele Stolfi*, Studi su i «Libri ad edictum» di Pomponio, Bd. II. Contesti e pensiero, www.ledonline.it/rivistadirittoromano/index.html (2001).

Stolfi (2002): *Emanuele Stolfi*, Studi su i «Libri ad edictum» di Pomponio, Bd. I. Trasmissione e fonti (Napoli 2002).

Mario Varvaro

Zugehörigkeitsbehauptung und *ivs qviritivm* in der Vindikationsformel des römischen Zivilprozesses

Abstracts

In the ancient *uindicatio* the expression EX IVRE QVIRITIVM was logically and grammatically connected to the assertion of ownership (HVNC EGO HOMINEM … MEVM ESSE) and not to the verb AIO.

Nella antica *uindicatio* le parole EX IVRE QVIRITIVM erano logicamente e sintatticamente connesse all'affermazione di appartenenza (HVNC EGO HOMINEM … MEVM ESSE) e non al verbo AIO.

1. Die Unterscheidung zwischen dem so genannten quiritarischen Eigentum und dem so genannten bonitarischen Eigentum wurde in einer Konstitution des Kaisers Justinian formell abgeschafft.[1] Schon vor dieser Konstitution hatte sie jedoch jegliche praktische Relevanz eingebüßt. Ein „Hohn alter Klügelei" (*antiquae subtilitatis ludibrium*) wurde endlich aufgehoben und ein „leeres und überflüssiges Wort" (*uacuum et superfluum uerbum*) eliminiert, das Jurastudenten unnötig verprellt hätte.[2]

1 Diese Konstitution qualifiziert sich ausdrücklich als *decisio* (s. folgende Fn.). Aus diesem Grund ist sie sicherlich trotz der von einigen Autoren geäußerten Zweifel zu den *Quinquaginta decisiones* zu rechnen. Dazu s. Varvaro (2000) 420 und Fn. 125, mit der älteren Literatur. Im Text der Konstitution (s. unten Fn. 2) kommt zweimal die Figur des Verbalhyperbatons vor. Da diese rhetorische Figur ein typisches Merkmal des Stils Tribonians ist, kann man diesen als tatsächlichen Verfasser der Konstitution identifizieren: vgl. Varvaro (2002) 319–398.

2 C. 7.25.1 (530–531): *Antiquae subtilitatis ludibrium per hanc decisionem expellentes nullam esse differentiam patimur inter dominos, apud quos uel nudum ius Quiritium uel tantummodo in bonis reperitur, quia nec huiusmodi esse uolumus distinctionem nec ex iure Quiritium nomen, quod nihil aenigmate discrepat nec umquam uidetur neque in rebus apparet, sed est uacuum et superfluum uerbum, per quod animi iuuenum, qui ad primam ueniunt legum audientiam, perterriti ex primis eorum cunabulis inutiles legis antiquae dispositiones accipiunt. Sed sit plenissimus et legitimus quisque dominus siue serui sui siue aliarum rerum ad se pertinentium.* Zum Problem der Datierung dieser

Die Gegenüberstellung zwischen einer vollständigen Zugehörigkeit, die ab einem gewissen Zeitpunkt „*dominium ex iure quiritium*“[3] genannt wurde, und einer vom Prätor geschützten Art der Zugehörigkeit, auf die gemeinhin mit dem Ausdruck „*in bonis esse*“ oder „*in bonis habere*“[4] Bezug genommen wurde, war keine ursprüngliche. Daran erinnert der Jurist Gaius im zweiten Buch seiner Institutionen:

> Gai 2.40: *Sequitur, ut admoneamus apud peregrinos quidem unum esse dominium; nam aut dominus quisque est aut dominus non intellegitur. Quo iure etiam populus Romanus olim utebatur: aut enim ex iure Quiritium unusquisque dominus erat aut non intellegebatur dominus. Sed postea diuisionem accepit dominium, ut alius possit esse ex iure Quiritium dominus, alius in bonis habere.*

Die Begriffe *dominium* und *dominus*, so wie sie Gaius und andere Juristen der klassischen Zeit verwenden, um eine derartige Zugehörigkeit und den Rechtsinhaber zu bezeichnen, entsprechen nicht mehr der älteren Terminologie, die noch mit anderen Begriffen, wie etwa *mancipium* und *erus* (vor dem Rhotazismus: „*esus*“), operierte.[5]

Dagegen scheint der Ausdruck „EX IVRE QVIRITIVM“ (vor dem Rhotazismus: „EX IVSE QVISITIVM“) wesentlich älteren Ursprungs zu sein; dieser bleibt noch während der gesamten klassischen Zeit gebräuchlich. Im Formularprozess wird diese Art der Zugehörigkeit (MEVM ESSE) in der *intentio* der Formel der Eigentumsklage als EX IVRE QVIRITIVM qualifiziert.[6] Aller Wahrscheinlichkeit nach wurde sie der Vindikationsformel der frühesten *legis actio sacramenti*[7] *in rem*

Konstitution, die sicherlich vor Februar 531 erlassen wurde, s. Varvaro (2000) 420 und Fn. 126.

3 Zum Grund dafür, dass die Schreibweise „*quirites*“ statt „*Quirites*“ vorzuziehen ist s. jetzt Aricò Anselmo (2012) 18 Fn. 7 und 266–269, mit weiterer Bibliographie und Auseinandersetzung mit den Quellen.

4 Zum Unterschied zwischen diesen Ausdrücken s. Ankum/van Gessel-De Roo/Pool (1987) 238–436.

5 Dazu s. Capogrossi Colognesi (1988) 160–162 mit weiteren bibliographischen Hinweisen. Zur Relevanz des Rhotazismus in der Juristensprache und insbesondere in der Sprache der alten Legisaktionen s. Santoro (2009) 610–612.

6 Seit einiger Zeit wird die Interpolation der Ausdrücke „*ex iure Romano*“ und „*ex lege quiritium*“ anerkannt, die in einer bekannten Stelle des Ediktskommentars Ulpians zu lesen sind, wo Pomponius zitiert wird: D. 6.1.1.2 (Ulp. 16 *ad ed.*). Aller Wahrscheinlichkeit nach sollte stattdessen in der klassischen Fassung „*ex iure quiritium*“ stehen. Dazu vgl. für alle Lenel (1889) 508 Fn. 6 und 7.

7 In der Literatur und in den Handbüchern kommt oft der Ausdruck „*legis actio sacramento* (*in rem* oder *in personam*)“ vor. Bei Gaius ist jedoch von einer „*sacramenti*

entlehnt. Für eine solche Vindikationsformel war die mit Solennität ausgesprochene Zugehörigkeitsbehauptung unter gleichzeitigem Ergreifen der streitbefangenen Sache (*res*) oder eines entsprechenden Symbols charakteristisch. Die Behauptung wurde im Sprechakt mit dem Verb AIO verbunden.[8] Gleichzeitig war sie rückgebunden an das *ius quiritium*, das sich in den Worten „EX IVRE QVIRITIVM“ ausdrückte. Dies geht aus der Hauptquelle hervor, die uns überliefert, wie sich dieser alte *modus agendi* entfaltete,[9] nämlich aus der Stelle, an welcher der klassische Jurist Gaius ein Beispiel für die Vindikation eines Sklaven anführt:

> Gai 4.16: *Si in rem agebatur, mobilia quidem et mouentia, quae modo in ius adferri adduciue possent, in iure uindicabantur ad hunc modum: qui uindicabat, festucam tenebat; deinde ipsam rem adprehendebat, ueluti hominem, et ita dicebat HVNC EGO HOMINEM EX IVRE QVIRITIVM MEVM ESSE AIO SECVNDVM SVAM CAVSAM SICVT DIXIT ECCE TIBI VINDICTAM INPOSVI et simul homini festucam inponebat rell.*

Eine ähnliche Formel fand im Fall der uindicatio in libertatem durch den adsertor in libertatem[10] sowie der uindicatio in seruitutem, der manumissio uindicta[11] und der adoptio[12] Anwendung.

Dass all diese Formeln *legis actiones* waren,[13] lässt sich dadurch erklären, dass sie rituelle Äußerungen waren. Aus dieser Perspektive wird ersichtlich, weshalb die Quellen auch die *mancipatio* und die *in iure cessio* als *legis actiones* bezeichnen. Diese beiden Akte enthielten eine durch das Verb „*aio*“ ausgesprochene Behauptung, die vom Ergreifen des entsprechenden Gegenstandes begleitet war.[14]

---

actio“ die Rede (Gai. 4.13), wobei der Ablativ „*sacramento*“ ausschließlich in Zusammenhang mit dem Ausdruck „*lege agere*“ steht (vgl. etwa Gai 4.12 und 4.31). Dazu vgl. Eisele (1877) 512; Albanese (1987) 57 Fn. 199.

8 Zur möglichen Performativität des lateinischen Verbs „*aio*“ s. Bretone (2012) 90 Fn. 84, mit weiterer Literatur, der die von dalla Massara (2009) 253 Fn. 4 zitierten Werke hinzuzufügen sind.

9 Dazu s. die Literatur bei Kaser/Hackl (1996) 89 Fn. 1.

10 Dies kann man aus einer Stelle in Cicero entnehmen, wo die Vindikationsformel nachgeahmt zu werden scheint: vgl. Cic. *pro Caec.* 33.96: … *Qui enim potest iure Quiritium liber esse is qui in numero Quiritium non est?* rell.

11 Dazu s. zuletzt Sciortino (2009) 133–154, mit weiterer Bibliographie.

12 Vgl. Gai 4.134. Aus dieser Stelle ist zu entnehmen, dass der Adoptivvater eine *uindicatio* vor dem Prätor ausübte (*is qui adoptat, uindicat apud praetorem filium suum esse*).

13 Dazu s. die Quellen und die Bibliographie bei Varvaro (2005) 299–301 Fn. 104.

14 Nach Gaius wurde die *mancipatio* unbeweglicher Sachen wie etwa von Grundstücken (*praedia*) im Gegensatz zur *mancipatio* von *personae* oder Tieren auch ohne ein körperliches Ergreifen des Gegenstandes für möglich gehalten (Gai 1.121). Obwohl eindeutige Hinweise in den Quellen fehlen, ist es plausibel, anzunehmen, dass in der

Für beide war das Sprechen bestimmter von besonderen Handlungen begleiteter Worte charakteristisch. Dazu berichtet in Bezug auf die *mancipatio*

> Gai 1.119: *Est autem mancipatio … imaginaria quaedam uenditio; quod et ipso ius proprium ciuium Romanorum est, eaque res ita agitur: adhibitis non minus quam quinque testibus ciuibus Romanis puberibus et praeterea alio eiusdem condicionis, qui libram aeneam teneat, qui appellatur libripens, is qui mancipio accipit, rem tenens*[15] *ita dicit* HVNC EGO HOMINEM EX IVRE QVIRITIVM MEVM ESSE AIO ISQVE MIHI EMPTVS ESTO HOC AERE AENEAQVE LIBRA *rell.*[16]

und in Bezug auf die *in iure cessio*:

> Gai 2.21: In iure cessio autem hoc modo fit: apud magistratum populi Romani, ueluti praetorem, is cui res in iure ceditur rem tenens ita dicit HVNC EGO HOMINEM EX IVRE QVIRITIVM MEVM ESSE AIO rell.

ältesten Zeit das Ergreifen auch bei der *mancipatio* unbeweglicher Sachen nur symbolisch erfolgt sei, so wie bei der *legis actio sacramenti in rem*: in diesem Sinn s. Albanese (1982) 40–41 Fn. 40.

15 Schon die ersten Herausgeber der Gaius-Institutionen haben darauf aufmerksam gemacht, dass bei einer Stelle des Boethius (*ad Cic. top.* 5.58), die Gai 1.119 reproduziert, „*aes tenens*“ statt „*rem tenens*“ zu lesen ist. Dies hat neben weiteren Bemerkungen dazu geführt, die Lesart des Gaiuspalimpsestes zu emendieren. Solche Bemerkungen sind jedoch nicht überzeugend, so dass die Lesart des Palimpsestes wohl aufrechterhalten werden muss. Die im Palimpsest überlieferte Lesart stimmt zudem mit der Etymologie der Begriffe *mancipatio* und *mancipium* überein und steht in Zusammenhang mit dem Ritual der *legis actio sacramenti in rem* und der *in iure cessio*, bei dem auch eine von einem „*rem tenere*“ begleitete Vindikation erfolgte. Dazu nahm Corbino (1976) 194 an, in der Beschreibung der *in iure cessio* sei die ursprüngliche Handschrift der gaianischen Stelle (Gai 2.24) das Wort *festucam* in ‚*fem*‘ abgekürzt („il termine *festucam* contratto in *fem*“) überliefert worden. Später sei aufgrund eines Abschreibefehlers in den jüngeren Handschriften aus der Abkürzung ‚*fem*‘ das Wort ‚*rem*‘ geworden. Der Kopist des Gaiuskodex habe, als er die Stelle abschrieb, schon das Wort *rem* vor Augen gehabt. Corbinos Vermutung setzt jedoch voraus, dass die *festuca* im Ritual der *in iure cessio* ebenso wie im Ritual der *legis actio sacramenti in rem* verwendet wurde, was aber fraglich ist: s. Varvaro (2005) 287–288 Fn. 68, mit Quellen und Bibliographie (s. auch unten Fn. 18). Zudem ist auch hervorzuheben, dass eine derartige Abkürzung des Worts *festucam* weder an anderen Stellen des Gaiuspalimpsestes noch in anderen Handschriften belegt ist.

16 Vgl. Gai 3.167 (hanc rem l. titii domini mei esse aio eaqve ei empta esto hoc aere aeneaqve libra), wo sich das Formular der *mancipatio* auf einen Erwerb durch einen Sklaven zu Gunsten seines *dominus* bezieht.

Während die Vindikationsformel der *mancipatio* und der *in iure cessio* einseitig und nicht-streitig war, war die Vindikationsformel der *legis actio sacramenti in rem* zweiseitig und streitig.[17]

2. Der erste Abschnitt der Vindikationsformel der *legis actio sacramenti in rem* endete mit der rituellen Zugehörigkeitsbehauptung, der das körperliche Ergreifen des streitbefangenen Gegenstandes – oder seines Symbols – durch den *uindicans* entsprach. Der zweite Abschnitt begann mit den Worten „SECVNDVM SVAM CAVSAM".[18]

Für diese Ansicht spricht weiterhin, dass diese Worte in einer der die Legisaktionen betreffenden *notae iuris* des Valerius Probus (Prob. 4.6: *S. S. C. S. D. E. T. V.*)[19] mit denjenigen nachfolgenden Worten zusammen hingen, die sich auf die *inpositio uindictae* bezogen (SECVNDVM SVAM CAVSAM SICVT DIXI ECCE TIBI VINDICTA).

Tatsächlich war diese Geste bezeichnend und einzigartig für die *legis actio sacramenti in rem*, nicht aber für *mancipatio* und *in iure cessio*.[20] Anhand dieses Belegs bei Probus kann man mithin ausschließen, dass solche Worte syntaktisch

17 Letztere war im Übrigen eine *omnibus uerbis uindicatio*. Dazu s. Varvaro (2005) 301–302 Fn. 106.

18 Corbino (1987) 139–163 hat die Ansicht vertreten, die im Gaiuspalimpsest überlieferten Worte „secvndvm svam cavsam" seien kein Bestandteil des Formulars der *legis actio sacramenti in rem*, sie hätten vielmehr darauf hingewiesen, dass der *uindicans* seine Anfangsbehauptung (hvnc ego hominem ex ivre qviritivm mevm esse aio) gemäß der ihn zum Handeln bestimmenden *causa* („in conformità della *causa* che lo induceva ad agire") erhoben hätte. Diese Ansicht erweckt jedoch Zweifel (s. folgende Fn.).

19 *FIRA*, II², 456. Man hat angenommen, Probus habe ein anderes Formular gekannt, in dem anstatt der Worte „ecce tibi vindictam inposvi" nur die Worte „ecce tibi vindicta" ausgesprochen wurden: s. Karlowa (1872) 71–72 Fn. 3; Wolf (1985) 14 und Fn. 76. Nicht überzeugend scheint die Vermutung Corbinos, nach der in der in Prob. 4.6 überlieferten *nota iuris* die Buchstaben „s.s.c." so zu lesen wären, als wären sie eine Ergänzung des ersten Teils des Formulars, der eine Blankettformel war; vgl. Corbino (1987) 163 Fn. 66: „le lettere «*s.s.c.*» andrebbero … lette … come se fossero tra parentesi, come se fossero sostitutive, cioè, della prima parte (variabile) del formulario."

20 Vgl. Varvaro (2005) 287–288 Fn. 68 (mit Diskussion der älteren Literatur und insbesondere der Ansicht Guarinos, nach der auch in der *in iure cessio* und in der *mancipatio* eine *inpositio* der *festuca* stattfand) und 301–302 Fn. 106 (in der die Meinung Huschkes zur Verwendung der *festuca* auch in der *in iure cessio* in Frage gestellt wird).

an Worte angedockt waren, in denen die Zugehörigkeitsbehauptung geäußert wurde.[21]

Dagegen wäre zwar einzuwenden,[22] dass in ein und derselben Sigle einer anderen *nota iuris* (Prob. 6.34: S. L. P. H. A.)[23] Wörter vorkamen, die aus verschiedenen Abschnitten des Formulars des *testamentum per aes et libram* stammten (SECVNDVM LEGEM PVBLICAM HOC AERE).[24]

Dennoch: Die Wörter „SECVNDVM SVAM CAVSAM“ gehörten dem zweiten, nicht dem ersten Abschnitt der Vindikationsformel an. Das zeigt sich klar daran, dass an einer Stelle in Ciceros Rede *pro Murena* die Vindikationsformel eines benannten Grundstücks mit dem Verb AIO, aber ohne den Zusatz SECVNDVM SVAM CAVSAM endete:

> Cic. pro Mur. 12.26: Cum hoc fieri bellissime posset: „Fundus Sabinus meus est“. „Immo meus“, deinde iudicium, noluerunt. „FVNDVS“ inquit „QVI EST IN AGRO QVI SABINVS VOCATVR“. Satis uerbose; cedo quid postea? „EVM EGO EX IVRE QVIRITIVM MEVM ESSE AIO“ rell.

Darüber hinaus ergibt sich der Selbststand und das Ausreichen dieser rituellen Zugehörigkeitsbehauptung aus den Formularen der *mancipatio* und der *in iure cessio*. Auch bei diesen wurde die Vindikation mit einem gleichzeitigen körperlichen Ergreifen der Sache vollzogen, ohne dass dabei auf den in den Worten „SECVNDVM SVAM CAVSAM“ enthaltenen Grund Bezug genommen wurde.

3. Ist wie oben gezeigt auszuschließen, dass das Verb AIO syntaktisch und logisch mit den Wörtern „SECVNDVM SVAM CAVSAM“ zusammenhing – denn diese gehörten zum zweiten Abschnitt der Vindikation der *legis actio sacramenti in rem* – so bleibt noch zu klären, ob die Wörter „EX IVRE QVIRITIVM“, wie die herrschende Meinung herkömmlicherweise behauptet,[25] ein einziges Textkorpus mit der rituellen Zugehörigkeitsbehauptung bildeten oder eher mit dem Verb AIO in Verbindung zu setzen wären.

---

21 In diesem Sinn s. Varvaro (2005) 297–298 Fn. 98–99, mit weiterer Bibliographie, der jetzt La Rosa (2003) hinzuzufügen ist.

22 Dazu s. Corbino (1987) 152 und zuletzt Sciortino (2009) 134–135 Fn. 333.

23 *FIRA*, II^2, 458.

24 Gai 2.104. Zu den großen Problemen der Rekonstruktion des vom veronesischen Gaiuspalimpsest überlieferten Formulars des *testamentum per aes et libram* s. Terranova (2011) 73–104, wo dargelegt wurde, wie eine korrekte Rekonstruktion des Wortlauts des Formulars dieses Rechtssakts die Voraussetzung für seine Auslegung ist.

25 Vgl. beispielsweise Kaser (1949) 77; Kaser/Hackl (1996) 89; Gioffredi (1955) 284; Albanese (1987) 67.

Letztere Möglichkeit wurde wiederholt von Nicosia vertreten. Seiner Ansicht nach hat das Verb AIO ursprünglich zusammen mit den Wörtern EX IVRE QVIRITIVM ausdrücken wollen, dass der verbale und gestische Vollzug des Rituals auf dem *ius* der *quirites* basiert habe. Im Laufe der Zeit sei dieses Verständnis verloren gegangen, bis nur noch von *dominium ex iure quiritium* die Rede gewesen sei.[26]

Wäre eine solche Vermutung begründet, bliebe zu erklären, weshalb die Zugehörigkeitssituation in der Terminologie unserer Quellen als *ex iure quiritium* qualifiziert wurde. Eine solche Qualifikation gibt zu verstehen, dass das *ius quiritium* Grundlage und Ursprung dieser Art Zugehörigkeit war, die ja genau deswegen als *dominium ex iure quiritium* bezeichnet wurde.[27]

Dies wird dadurch bestätigt, dass im Wortlaut der *intentio* der Formel der *rei uindicatio per formulam petitoriam* der Ablativ IVRE mit der Präposition EX verbunden ist. Bei der Vindikation von Gegenständen folgte diese Klage im Formularprozess auf die ältere *legis actio sacramenti in rem.*[28]

Der Wortlaut dieser *intentio* wird uns nicht nur bei Gaius überliefert, der das Beispiel einer Formel für die Vindikation eines Sklaven anführt (Gai 4.14: SI PARET HOMINEM EX IVRE QVIRITIVM A. AGERII ESSE),[29] sondern auch bei einer Stelle in Ciceros Reden gegen Verres bezüglich der *rei uindicatio* eines Grundstücks

26 Nicosia (1985) 127; Nicosia (1992) 171–172; Nicosia (1997) 139; Nicosia (2010) 108. Zwar kommt eine derartige Ansicht schon bei Gallo (1970) 20 Fn. 8 vor, nach dem *„ex iure quiritium"* einerseits auf das *agere* bezogen, andererseits an das Verb aio (und nicht an die Wörter mevm esse) rückgebunden wird. Auch Lévy-Bruhl (1960) 39, ebenso wie Nicosia, dachte, dass innerhalb des Ausdrucks „ex ivre qviritivm" das Wort *ius* im Sinne von „Ritus" zu verstehen sei. Anders als Nicosia war jedoch Lévy-Bruhl nicht der Ansicht, dass ein solcher Ritus derjenige gewesen sei, aufgrund dessen die Zugehörigkeitsbehauptung ausgesprochen worden sei. Gaius „entend dire par là qu'il tire son droit des rites correctement accomplis, que ces rites sont la source de son droit, ce qui est parfaitement conforme au sens normal du mot «*ex*» qui évoque une idée d'origine".

27 In diesem Sinne Varvaro (2005), 306–307 Fn. 119.

28 Varvaro (2005) 307 Fn. 119.

29 Vgl. Gai 4.45: *intendimus nostrvm esse aliqvid ex ivre qviritivm*; 4.86: *in rem quoque si agat, intendit p.* mevii *rem esse ex ivre qviritivm*; Gai 4.34: *si* a. *agerivs ...* l. titio *heres* esset, tvm <si evm> *fvndvm de qvo agitvr ex ivre qviritivm* eivs *esse* oporteret; 4.36: *non potest eam ex ivre qviritivm svam esse intendere, fingitur rem usucepisse et ita quasi ex iure Quiritium dominus factus esse intendit,* ueluti *hoc modo ivdex esto. si qvem hominem a. agerivs emit* <et> *is ei traditvs est, anno possedisset, tvm si evm hominem de qvo agitvr* ex ivre qviritivm eivs *esse oporteret et reliqua*; trotz der Lücken s. auch *Fragm. Berol. incerti auctoris de iudiciis*, I, col. 1: [Qui]*riti*|[tium] ... [e]*x iu*[re Quiritium n]

(Cic. *in Verr.* 2.2.12.31: *SI PARET FVNDVM CAPENATEM QVO DE AGITVR EX IVRE QVIRITIVM P. SERVILII ESSE*).

In einer so gefassten *intentio* kommt das Verb AIO nicht vor, so dass die Worte „EX IVRE QVIRITIVM" nur auf die Zugehörigkeit der streitbefangenen Sache zum Kläger bezogen werden können. Die rituelle und bekräftigende Zugehörigkeitsbehauptung des Formulars der *legis actio sacramenti in rem* wurde im Formularprozess durch eine konditionale Aussage ersetzt. Eine solche Aussage wurde in einer mit den Wörtern „SI PARET" beginnenden Protasis ausgedrückt, die die Bedingung enthielt, die der Richter im zweiten Abschnitt des Prozesses hätte prüfen müssen, um den Beklagten verurteilen zu können.

Das geht auch aus einer Stelle des zweiten Buchs der Gaius-Institutionen hervor, in der erklärt wird, dass das *legatum per uindicationem* so genannt wurde, weil es durch eine *uindicatio* geschützt wurde:

> Gai 2.194: Ideo autem per uindicationem legatum appellatur, quia post aditam hereditatem statim ex iure Quiritium res legatarii fit; et si eam rem legatarius uel ab herede uel ab alio quocumque qui eam possidet petat, uindicare debet, id est intendere suam rem ex iure Quiritium esse.

Es liegt auf der Hand, dass im Schlussteil des eben aufgeführten Passus das *uindicare* mit der Behauptung gleichgesetzt wurde, dass in der *intentio* des Streitprogramms die streitbefangene Sache EX IVRE QVIRITIVM dem Kläger gehörte (*intendere SVAM REM EX IVRE QVIRITIVM ESSE*) und dass in Folge der *hereditatis aditio* der Vermächtnisnehmer ohne Weiteres Eigentümer *ex iure quiritium* des Vermächtnisgegenstandes wurde, so dass er in einer Klage behaupten konnte, dieser Gegenstand gehöre ihm EX IVRE QVIRITIVM.

4. Jüngst bekräftigte Nicosia erneut seine Überzeugung in einem weiteren Beitrag. Darin betonte er neuerlich, innerhalb des Ausdrucks „EX IVRE QVIRITIVM" sei das Wort *ius* als „rituelles Verfahren" („procedimento rituale") bzw. „prozessualer Ritus" („rito processuale") zu verstehen.[30] Dies weise darauf hin, dass „der *uindicans* seine Behauptung gemäß strikten sprachlichen und gestischen

---

ostrum | [esse intell]*egeretur … recte* | [ex iure Q]*uiritium pe*|[tet]; Front. *de contr. agr.* [Lachmann 44.8]: *mutata formula iure Quiritium peti debet proprietas loci.*

30 Zur Bedeutung des Begriffs *ius* innerhalb des Ausdrucks „ex ivre qviritivm" s. die unlängst bei Sciortino (2009) 133 Fn. 329, und bei Terranova (2011) 179–180 Fn. 332, zitierten Autoren.

Formalien desjenigen rituellen Verfahrens aufstellte, das für die *Quirites* charakteristisch war".[31]

Diesem Autor nach hätte eine Zugehörigkeitsbehauptung in einer älteren Zeit keiner weiteren Bestimmung bedurft. Ursprünglich habe es noch keine anderen Zugehörigkeitsgattungen gegeben, diese seien erst später enstanden und in der Folge unterschiedlich qualifiziert worden. Aus diesem Grund wäre die Spezifizierung EX IVRE QVIRITIVM überflüssig gewesen, wenn sie sich auf das MEVM ESSE bezogen hätte. Dagegen hätte sie eine technische Bedeutung angenommen, wenn sie sich auf das Verb AIO bezogen hätte. In diesem Fall hätte eine solche Spezifizierung gezeigt, dass die Zugehörigkeitsbehauptung nicht „(mehr oder weniger aus dem Blauen heraus) außerhalb eines formalisierten Kontextes", sondern „im Rahmen eines formell eingeleiteten Verfahrens" („nell'ambito di un procedimento formalmente instaurato") unter Beachtung bestimmter zeitlicher („*ante meridiem, post meridiem, solis occasus* quale *suprema tempestas*; solo in determinati giorni, in particolare in un *dies fastus*") und örtlicher Regeln („*in comitio aut in foro*") und „mit genauem Aussprechen der *certa uerba* und dem Vollzug der damit verbundenen strikt vorgegebenen Gesten" vollbracht wurde.[32]

Eine derartige Ansicht wird jedoch von keinen weiteren Argumenten gestützt, die im Stande wären, diejenigen Einwände zu entkräften, auf die oben Bezug genommen wurde. Überdies ist uns das Formular der *legis actio sacramenti in rem* in Zeugnissen Ciceros und Gaius' überliefert. Daher könnte die überlieferte Formulierung in eine Zeit zurückreichen, in der verschiedene Zugehörigkeitsgattungen schon vollständig ausgeprägt waren, die man als *ex iure quiritium* qualifizierte – wie etwa das *dominium ex iure quiritium* – um sie von den übrigen unterscheiden zu können.

Denkbar wäre in diesem Zusammenhang natürlich, dass diese Formulierung einer solchen aus älterer Zeit nicht entsprochen haben könnte. Dennoch wäre die noch zu beweisende Möglichkeit zu bedenken, die Wörter „EX IVRE QVIRITIVM" seien dem Formular erst zu einem späteren Zeitpunkt hinzugefügt worden.[33]

---

31 Nicosia (2006) 792: „il vindicante faceva la sua affermazione secondo le rigorose formalità, verbali e gestuali, del procedimento rituale proprio dei *Quirites* (che era l'orgoglioso appellativo degli antichi romani, alludente alla posizione goduta nell'ambito dell'organizzazione politico-sociale della *civitas*)."

32 Nicosia (2006) 789–798. Zur Bestimmung der verschiedenen Bedeutungen des Begriffs *quirites* s. Santoro (1967) 217–221 unter Auseinandersetzung mit den Quellen und der älteren Literatur.

33 Nach Gioffredi (1955) 55 ist der Ausdruck „*ex iure Quiritium*" ein Zusatz, der dem Formular in einer jüngeren Epoche hinzugefügt wurde. Dieser Ansicht folgt

Eine solche Entstehung wäre ab einem Zeitpunkt denkbar, ab dem sich die als *„in bonis esse"* oder *„in bonis habere"* bezeichnete Zugehörigkeitsgattung vom so genannten quiritarischen Eigentum bereits abgelöst hatte. Diese Möglichkeit ließe allein den Schluss zu, die Wörter „EX IVRE QVIRITIVM" seien syntaktisch nicht mit dem Verb AIO verbunden.

Darüber hinaus kommt der Ausdruck „EX IVRE QVIRITIVM" im Zusammenhang mit der Zugehörigkeitsbehauptung (MEVM ESSE) auch im Formular der *mancipatio* vor,[34] die keine Prozesshandlung war. In diesem Fall ist kaum denkbar, dass sich ein solches Formular unter dem Einfluss einer neuen Fassung der Eigentumsklage umgeformt hätte.

Mangels sicherer Belege kann also Nicosias Ansicht über eine ursprüngliche logische und syntaktische Konnexion des Ausdrucks „EX IVRE QVIRITIVM" mit dem Verb AIO innerhalb der *uindicatio* nicht geteilt werden. Vielmehr stößt diese Ansicht auf weitere Einwände, die, wenn sie gemeinsam mit den schon vorgebrachten Argumenten betrachtet werden, dazu geeignet sind, seine Auslegung weiter zu entkräften.

5. Der erste dieser Einwände beruht auf der Feststellung, dass innerhalb einiger Formulare, die demjenigen der *legis actio sacramenti in rem* in gewisser Weise ähnlich waren, insbesondere in den Formularen anderer prozessualer Legisaktionen, in denen auch das Verb AIO vorkommt, die davon abhängigen Behauptungen nicht von den Wörtern „EX IVRE QVIRITIVM" begleitet waren.

Aus diesem Blickwinkel ist das Formular der *legis actio per iudicis arbitriue postulationem* zu betrachten, das folgendermaßen bei Gaius überliefert ist:

> Gai 4.17a: *Per iudicis postulationem agebatur, si qua de re ut ita ageretur lex iussisset, sicuti lex XII tabularum de eo quod ex stipulatione petitur. Eaque res talis erat; qui agebat sic dicebat:* EX SPONSIONE TE MIHI X MILIA SESTERTIVM DARE OPORTERE AIO: ID POSTVLO

Manfredini (1977) 42, nach dem ein solcher Ausdruck einen Reifungsprozess eines allgemeinen geltenden Rechtsbegriffes („concetto di diritto valido nei confronti di tutti, pienamente fondato") voraussetzt, in dem das Wort *„ius"* den Begriff der Rechtsordnung zum Ausdruck bringe.

34 Nicht überzeugend scheint die Annahme von Gioffredi (1955) 247–253, nach der das ursprüngliche Formular der *mancipatio* keine mit den Worten „mevm esse aio" formulierte Behauptung hätte enthalten können, welche die prozessuale Vindikation reproduziert hätte, um ihre Funktion des rituellen Erwerbsakts zu vervollkommnen und zu bestätigen („perfezionare e confermare la sua funzione di atto solenne acquisitivo").

AIAS AN NEGES. Aduersarius dicebat non oportere; actor dicebat: QVANDO TV NEGAS, TE PRAETOR IVDICEM (SIVE ARBITRVM) POSTVLO VTI DES.[35] rell.

und das Formular der *legis actio per condictionem*, das wie folgt überliefert ist:

Gai 4.17b: Per condictionem ita agebatur: *AIO TE MIHI SESTERTIVM X MILIA DARE OPORTERE:*[36] *ID POSTVLO AIAS AN NEGES.* Aduersarius dicebat non oportere; actor dicebat: *QVANDO TV NEGAS, IN DIEM TRICENSIMVM TIBI IVDICIS CAPIENDI CAVSA CONDICO.* rell.

Wenn die Beobachtung, auf der Nicosias Auslegung basiert, begründet wäre, so wäre zu erwarten, dass auch in diesen beiden Formularen die vom Verb AIO abhängigen rituellen Behauptungen vom Ausdruck „EX IVRE QVIRITIVM" begleitet gewesen wären. Dieser Ausdruck diente nämlich dazu, sie von in anderen Kontexten gebräuchlichen Behauptungen zu unterscheiden. Denn auch die Formulare der *legis actio per iudicis arbitriue postulationem* und der *legis actio per condictionem* waren charakterisiert durch das rituelle Aussprechen von *certa uerba*, das nur an einem bestimmten Ort und an vorgegebenen Tagen geschehen konnte.[37] Weiterhin wäre auch im Formular der *legis actio per manus iniectionem* (vgl. Gai 4.21) ein Hinweis auf das *ius quiritium* zu erwarten, aufgrund dessen sich die *manus iniectio* vollzog und die vom prozessualen Ritus der *quirites* vorgeschrieben waren, zumal die Quellen auch andere Möglichkeiten einer *manus iniectio* bezeugen.[38]

---

35 Vgl. Prob. 4.8 (*FIRA*, II^2, 456): *t. pr. i. a. v. p. v. d. te praetor iudicem arbitrumue postulo uti des.*

36 Vgl. Prob. 4.1 (*FIRA*, II^2, 456): *a. t. m. d. o. aio te mihi dare oportere.*

37 Dasselbe wäre für das Formular der *legis actio sacramenti in personam* denkbar. Nach einigen Autoren ist das Fehlen der Worte „ex ivre qviritivm" in diesem Formular und in den anderen, kraft derer ein *dare oportere* Gültigkeit erlangte, dadurch erklärbar, dass diese Legisaktionen relative Rechte schützen sollten: s. Mitteis (1908) 67–68 Fn. 15; Kaser (1949) 77–78. Nach Guarino (1950) 267–269 hingegen ist dies der Tatsache geschuldet, dass die römischen *obligationes ciuiles* nicht vom *ius quiritium* – im Sinne von Rechtsordnung – abgeleitet gewesen seien. Diese Ansicht ist nicht frei geblieben von Einwendungen seitens anderer Autoren: vgl. etwa Gioffredi (1955) 287 und die bei Santoro (1967) insb. 144–149 zitierten Autoren.

38 So z. B. die *manus iniectio* gegen den unbotmäßigen *uocatus in ius* (XII tab. 1.1–3 [Riccobono]), oder die im Bericht über den Freiheitsprozess der Virginia vor Appius Claudius im Jahr 449 v.Chr. (Liv. 3.44.6). Für eine Zusammenfassung der von Rechtshistorikern – jedoch nicht immer aufgrund unzweifelhaften Quellenmaterials – angenommenen Anwendungen der *manus iniectio* s. Varvaro (2008b) 239–242.

agere in rem per sponsionem bekräftigt. Bekanntermaßen ersetzte dieses Verfahren das *lege agere sacramento in rem* und war das Verbindungsstück zwischen dem Verfahren der alten Legisaktionen und der *rei uindicatio per formulam petitoriam*:[41]

> Gai 4.93: Per sponsionem uero hoc modo agimus: prouocamus aduersarium tali sponsione: SI HOMO QVO DE AGITVR EX IVRE QVIRITIVM MEVM EST, SESTERTIVM XXV NVMMORVM DARE SPONDES? rell.

Bereits in dieser *sponsio*, noch vor der *intentio* der Formel der *rei uindicatio per formulam petitoriam*, qualifizierten die Wörter „EX IVRE QVIRITIVM" die mit den Wörtern „MEVM ESSE" ausgedrückte Zugehörigkeitslage.

8. Die Analyse der Formulare, in denen der Ausdruck „EX IVRE QVIRITIVM" vorkam, lässt den Schluss zu, dass diese Wörter in allen Erscheinungsformen der *uindicatio* verwendet wurden, auch in denjenigen der nicht-streitigen *legis actiones*, wie in der *mancipatio*, in der *in iure cessio*, in der *manumissio uindicta* und im *testamentum per aes et libram*.[42]

Dies war vermutlich der Grund, weshalb diese Wörter, als sich die neue Prozessform *per concepta uerba* durchzusetzen begann und die älteren *legis actiones* allmählich immer geringer geschätzt wurden,[43] in der *intentio* der *uindicatio per formulam petitoriam* erhalten blieben. Diese hörten nicht auf, die Vorstellung einer Zugehörigkeit der in der *uindicatio* bezeichneten *res* zu übermitteln, auch nachdem diese Zugehörigkeit nicht mehr mit einem „MEVM ESSE", sondern mit einem „AVLI AGERII ESSE" ausgedrückt wurde.

Daraus folgt, dass sich der in der *uindicatio* vorkommende Begriff *ius* nicht auf den „Ritus" bezog, aufgrund dessen das mit dem Verb AIO verbundene Aussprechen erfolgte. Ebenso folgt daraus, dass der Ausdruck „EX IVRE QVIRITIVM", der syntaktisch und logisch mit der Zugehörigkeitsbehauptung der streitbefangenen *res* verbunden war (im von Gaius angeführten Beispiel bezüglich einer *rei uindicatio* eines Sklaven: HVNC EGO HOMINEM … MEVM ESSE) auf ihren Ursprung und ihre Grundlage verwies.

---

41 Zu diesem Punkt s. die Autoren bei Capogrossi Colognesi (1976) 364 Fn. 36 und darüber hinaus jedenfalls Kaser/Hackl (1996) 105–106 und die in Fn. 102 aufgeführte Literatur.

42 Zur Annahme, dass die Wörter „ex ivre qviritivm" erst in späterer Zeit in das Formular der *mancipatio* eingeflossen sind, s. Terranova (2011) 165 Fn. 320.

43 Vgl. Gai 4.30.

Die Qualifikation „*ex iure quiritium*", die in den römischen Quellen die Begriffe *dominium* und *dominus* begleitet, kann also ohne Bedenken weiterhin als maßgeblich betrachtet werden. Man muss nicht auf den Gedanken verfallen, sie sei Resultat eines Missverständnisses, aufgrund dessen im Laufe der Zeit das Bewusstsein für die ursprüngliche Bedeutung und syntaktische Struktur des Ausdrucks „EX IVRE QVIRITIVM" innerhalb der *uindicatio* verloren gegangen sei.

Literaturverzeichnis

Albanese (1982): *Bernardo Albanese*, Gli atti negoziali nel diritto privato romano (Palermo 1982).

Albanese (1987): *Bernardo Albanese*, Il processo privato romano delle *legis actiones* (Palermo 1987).

Ankum/van Gessel-De Roo/Pool (1987): *Hans Ankum / Marjolijn van Gessel-De Roo / Eric Pool*, Die verschiedenen Bedeutungen des Ausdrucks in bonis alicuius esse/in bonis habere im klassischen römischen Recht, in: Zeitschrift der Savigny-Stiftung, Romanistische Abteilung (ZSS, R.A.) 104 (1987) 238–436.

Aricò Anselmo (2012): *Giuseppina Aricò Anselmo*, Antiche regole procedurali e nuove prospettive per la storia dei *comitia* (Torino 2012).

Bretone (2010): *Mario Bretone*, Storia del diritto romano (13. Aufl. Roma / Bari 2010).

Capogrossi Colognesi (1976): *Luigi Capogrossi Colognesi*, La struttura della proprietà e la formazione dei „iura praediorum" nell'età repubblicana, Bd. II (Milano 1976).

Capogrossi Colognesi (1988): *Luigi Capogrossi Colognesi*, Art. Proprietà (dir. rom.), in: Enciclopedia del diritto, Bd. XXXVII (Milano 1988) 160–225.

Corbino (1976): *Alessandro Corbino*, Il rituale della ‚mancipatio' nella descrizione di Gaio. (‚*Rem*' *tenens* in *Inst*. 1, 119 e 2, 24), in: Studia et documenta historiae et iuris (SDHI) 42 (1976) 149–196.

Corbino (1987): *Alessandro Corbino*, La struttura dell'affermazione contenziosa nell'*agere sacramento in rem* (‚secundum suam causam' in Gai. 4.16), in: Studi in onore di Cesare Sanfilippo, Bd. VII (Milano 1987) 137–163.

dalla Massara (2009): *Tommaso dalla Massara*, La causa del contratto nel pensiero di Aristone, in: Seminarios Complutenses de Derecho Romano (SCDR) 22 (2009) 251–292.

Eisele (1877): *Fridolin Eisele*, Besprechung von Ph. Lotmar, Zur legis actio sacramento in rem, in: Kritische Vierteljahrschriften für Gesetzgebung und Rechtswissenschaft (Krit. VSchr) 19 (1877) 512–518.

Gallo (1970): *Filippo Gallo*, „Potestas" e „dominium" nell'esperienza giuridica romana, in: Labeo 16 (1970) 17–58.

Gioffredi (1955): *Carlo Gioffredi*, Diritto e processo nelle antiche forme giuridiche Romane (Roma 1955).

Guarino (1950): *Antonio Guarino*, „Ius Quiritium", in: Iura 1 (1950) 265–272.

Karlowa (1872): *Otto Karlowa*, Der römische Civilprozess zur Zeit der Legisactionen (Berlin 1872).

Kaser (1949): *Max Kaser*, Das altrömische ius: Studien zur Rechtsvorstellung und Rechtsgeschichte der Römer (Göttingen 1949).

Kaser/Hackl (1996): *Max Kaser*, Das römische Zivilprozessrecht, 2. Aufl., neu bearbeitet von *Karl Hackl* (München 1996).

La Rosa (2003): *Franca La Rosa*, Postille a Gai., *inst.* 4.16, in: Rivista di diritto romano (RDR) 3 (2003) 1–2.

Lenel (1889): *Otto Lenel*, Palingenesia iuris civilis, Bd. II (Leipzig 1889, Nachdr. Graz 1960).

Lévy-Bruhl (1960): *Henri Lévy-Bruhl*, Recherches sur les actions de la loi (Paris 1960).

Manfredini (1977): *Arrigo Manfredini*, Contributo allo studio dell'„iniuria" in età repubblicana (Milano 1977).

Mitteis (1908): *Ludwig Mitteis*, Römisches Privatrecht bis auf die Zeit Diokletians, Bd. I. Grundbegriffe und Lehre von den Juristischen Personen (Leipzig 1908).

Nicosia (1985): *Giovanni Nicosia*, Institutiones iuris Romani. Passi scelti delle Istituzioni di Gaio e di Giustiniano (Catania 1995).

Nicosia (1992): *Giovanni Nicosia*, Institutiones. Profili di diritto privato romano delineati con l'ausilio delle Istituzioni di Gaio e di Giustiniano, Bd. I (Catania 1991/1992).

Nicosia (1997): *Giovanni Nicosia*, Institutiones. Profili di diritto privato romano, Bd. 1 (Catania 1997).

Nicosia (2006): *Giovanni Nicosia*, *Brevis dominus*, in: Anuario da Facultade de Dereito da Universidade da Coruña (AFDUC) 10 (2006) 789–798.

Nicosia (2010): *Giovanni Nicosia*, Nuovi profili essenziali di diritto romano (5. Aufl. Catania 2010).

Santoro (1967): *Raimondo Santoro*, Potere ed azione nell'antico diritto romano, in: Annali del Seminario giuridico dell'università di Palermo (AUPA) 30 (1967) 103–566.

Santoro (2009): *Raimondo Santoro*, Appio Claudio e la concezione strumentalistica del *ius*, in: *Mario Varvaro* (Hg.), *Raimondo Santoro. Scritti minori*, Bd. II (Torino 2009) 557–627.

Sciortino (2009): *Salvatore Sciortino*, Studi sulle liti di libertà nel diritto romano (Torino 2009).

Terranova (2011): *Francesca Terranova*, Ricerche sul *testamentum per aes et libram*, I. Il ruolo del *familiae emptor* (con particolare riguardo al formulario del testamento librale) (Torino 2011).

Varvaro (2000): *Mario Varvaro*, Contributo allo studio delle *Quinquaginta decisiones*, in: Annali del Seminario giuridico dell'Università di Palermo (AUPA) 46 (2000) 359–593.

Varvaro (2002): *Mario Varvaro*, Lo stile di Triboniano e la compilazione delle *Institutiones* di Giustiniano, in: Studia et documenta historiae et iuris (SDHI) 68 (2002) 319–398.

Varvaro (2005): *Mario Varvaro*, *Manu(m) conserere* e *omnibus verbis vindicare* (Gell. 20.1.7), in: *Michel Humbert* (Hrsg.), Le Dodici Tavole. Dai Decemviri agli Umanisti, (Pavia 2005) 267–309.

Varvaro (2008a): *Mario Varvaro*, Ricerche sulla *praescriptio* (Torino 2008).

Varvaro (2008b): *Mario Varvaro*, Per la storia del *certum*. Alle radici della categoria delle cose fungibili (Torino 2008).

Wolf (1975): *Joseph Georg Wolf*, Zur *legis actio sacramento in rem*, in: *Okko Behrends* u. a. (Hrsg.), Römisches Recht in der europäischen Tradition. Symposion aus Anlaß des 75. Geburtstages von F. Wieacker (Ebelsbach 1985) 1–39.

Elena D'Alessandro

Die pönale Funktion des Schadensersatzrechts im deutsch-italienischen Deliktsrecht und im IPR/IZPR

Abstracts

The paper focuses on the function of the Italian and German Tort Law. The Author will analyze whether tort liability, in Italy and Germany, has only the aim to compensate the injured victims for the loss suffered or whether a subsidiary preventive function shall be recognized. Private International Law implications will be also investigated. Finally, the paper deals with the problem of the recognition and execution of American punitive judgments before German and Italian courts.

Il presente saggio è volto principalmente ad individuare se il sistema della responsabilità civile nell'ordinamento italiano e nell'ordinamento tedesco possa assumere, accanto alla generale funzione riparatoria, anche una funzione sanzionatorio-preventiva. L'Autore si occupa altresì di stabilire se le norme di diritto internazionale privato europeo, ovvero quelle nazionali italiane e tedesche, consentano al giudice italiano o tedesco di pronunciare una condanna al pagamento di danni punitivi sulla base del diritto americano. In ultimo luogo, si dà conto della posizione di chiusura assunta dal BGH e dalla Corte di cassazione italiana a proposito della riconoscibilità di sentenze americane di condanna al pagamento di punitive damages.

1. Einleitung

Der vorliegende Aufsatz beschäftigt sich mit der Frage, ob das Schadensersatzrecht im deutsch-italienischen Deliktsrecht eine pönale Funktion haben kann (1–11). Es werden diesbezüglich auch die rechtlichen Konsequenzen für das IPR/IZPR untersucht werden (12–17).

Zunächst ist zu konstatieren, dass in Deutschland behauptet wird, dass der Zweck des Schadensersatzanspruchs grundsätzlich allein darin bestehe, einen Ausgleich für erlittene Nachteile zu schaffen: sogenannter Schadensausgleich[1].

Das heißt § 249 Abs. 1 BGB zeigt, dass der Schädiger verpflichtet ist, den Zustand herzustellen, der bestehen würde, wenn der zum Ersatz verpflichtende Umstand nicht eingetreten wäre. Nicht mehr, aber auch nicht weniger[2].

Der Anspruch des Gläubigers geht grundsätzlich auf Ersatz des vollen Schadens.

Daher glauben die meisten Autoren, dass dem deutschen Schadensersatzrecht ein pönales Moment fremd ist. Heute ist Schadensersatzrecht in Deutschland Schadensersatzanspruch und keine Privatstrafe.

Ein solches Verständnis vom Schadensersatzrecht als rein rechnerische Ausgleichsordnung entspricht zwar seiner historischen Konzeption: Die Verfasser des BGB hatten sich bewusst gegen eine „Heranziehung moralisierender oder strafrechtlicher Gesichtspunkte" ausgesprochen. Das Ziel des BGB-Gesetzgebers war es, ein von pönalen Elementen freies Privatrecht zu schaffen[3].

2. Römisches Recht

In der Vergangenheit verpflichtete jedoch die Schuld und nicht der Schaden zum Schadensersatz. Nach klassischem römischem Recht konnte zunächst aus einem Delikt keine Klage auf Schadensersatz, sondern nur auf Strafe erhoben werden. Deshalb war es die Schuld, die zum Schadensersatz verpflichtete[4].

---

1 S. vor allem Münchener Kommentar BGB (2012)/*Hartmut Oetker*, § 249, Rn. 8–9; Esser/Schmidt (2008) 172 ff.; Larenz (1987) 423.

2 Vgl. hierzu auch § 852 BGB: „Hat der Ersatzpflichtige durch eine unerlaubte Handlung auf Kosten des Verletzten etwas erlangt, so ist er auch nach Eintritt der Verjährung des Anspruchs auf Ersatz des aus einer unerlaubten Handlung entstandenen Schadens zur Herausgabe nach den Vorschriften über die Herausgabe einer ungerechtfertigten Bereicherung verpflichtet. Dieser Anspruch verjährt in zehn Jahren von seiner Entstehung an, ohne Rücksicht auf die Entstehung in 30 Jahren von der Begehung der Verletzungshandlung oder dem sonstigen, den Schaden auslösenden Ereignis an".

3 Motive zu dem Entwurf eines Bürgerlichen Gesetzbuches für das Deutsche Reich, Bd. 2 (Berlin 1888) 17 ff.

4 Jhering (1867) 40.

Aus dem Zwölftafelgesetz (451/450 v. Chr.)[5] ergibt sich, dass anfangs die Strafe in der Anwendung des Talionsprinzips bestand: Der Täter musste dieselbe Verletzung als Strafe leiden, die er dem Verletzen zugefügt hatte[6]. Gemäß den zwölf Tafeln waren nur einzelne Sachbeschädigungen oder Körperverletzungen ersetzbar.

Demnach konnte der Geschädigte als Rechtsfolge einer gegen ihn gerichteten Unrechtstat, die seine Persönlichkeit, seine Familie oder sein Vermögen verletzte, im Zivilprozess nicht den Ersatz des erlittenen Vermögensschadens verlangen, sondern lediglich die strafrechtliche Sanktionierung des Täters durch Auferlegung einer an ihn zu zahlenden Geldbuße fordern, mit der dieser seine Unrechtstat sühnte und gleichzeitig dem Verletzten Genugtuung verschaffte. Dieser dem Verletzten erwachsende Anspruch hatte damit eine pönale und zugleich ausgleichende Funktion. Es war daher möglich, dass der Geschädigte folglich finanziell besser gestellt werden konnte. Gegenstand der Klage war für den Kläger Entschädigung, für den Beklagten aber Strafe[7].

Diese Idee war vor Einführung des BGB in der deutschen Buße als Privatstrafe verwirklicht gewesen[8].

Ab dem Jahr 286 v. Chr. regelte die *lex Aquilia de damno iniuria dato* über rechtswidrig zugefügten Schaden[9] umfassend die Ansprüche, die man geltend machen konnte, wenn durch eine Sachbeschädigung ein Schaden entstanden war.

Vor der *lex Aquilia* war die Beschädigung fremder Sachen nicht als einheitliches Delikt erfasst. Die *lex Aquilia* reformierte dieses Recht bzw. schuf eine neue Grundlage. Das Gesetz war in drei Kapitel unterteilt, von denen das erste und das dritte die Sachbeschädigung betrafen.

Das erste Kapitel bestimmte hauptsächlich, dass bei widerrechtlicher Tötung eines Sklaven oder einer Sklavin oder eines vierfüßigen Herdentieres der Eigentümer gegen den Schädiger einen Anspruch auf Schadensersatz hatte. Die Höhe dieses Anspruchs richtete sich nach dem Höchstwert, den die „Sache“ im Jahr vor der Tötung hatte.

---

5 Das Zwölftafelgesetz ist eine um 450 v. Chr. in Rom entstandene Gesetzessammlung, die in zwölf hölzernen Tafeln auf dem Forum Romanum ausgestellt war.

6 Tabula VIII (Schadensersatzrecht) „*Si membrum rupsit, ni cum eo pacit, talio esto*“. Dazu vor allem Piekenbrock (2006) 89 ff.

7 Savigny (1841) § 120.

8 Vgl. unten Abschn. 3.

9 Lübtow (1971) 1 ff.; Piekenbrock (2006) 92 ff.

Das allgemeiner gefasste dritte Kapitel schloss alle übrigen widerrechtlichen Sachbeschädigungen ein, wenn die Tat durch Verbrennen (*urere*), Brechen (*frangere*) oder Zerreißen (*rumpere*) begangen wurde. Das Kapitel war nicht auf Schädigungen von Sklaven und vierfüßigen Herdentieren beschränkt, sondern erfasste auch die Verletzung oder Tötung von Hunden, Bären und Löwen sowie die Beschädigung oder Zerstörung aller übrigen Sachen. Der Schadensersatz richtete sich hier nach dem höchsten Wert in den letzten 30 Tagen vor der Tat.

Damit aus der lex *Aquilia* mit der *actio legis Aquiliae* auf Schadensersatz geklagt werden konnte, mussten die Voraussetzungen des jeweiligen Kapitels erfüllt sein. Außerdem musste die Verletzung in widerrechtlicher Weise (*iniuria*) zugefügt worden sein.

Der Kernpunkt des *lex Aquilia,* die Sanktionsfunktion des außervertraglichen Schadensersatzrechts, floss in das italienische Zivilgesetzbuch (*codice civile*) ein. Noch heute wird in Italien die Haftung für den sogenannten außervertraglichen Schadensersatz als *Aquiliana*-Haftung bezeichnet[10].

3. Rechtslage in Deutschland. Die Buße

Im 18. Jahrhundert – d. h. vor Inkrafttreten des BGB – war die Buße in Deutschland ein vom Verletzer an den Verletzten zu zahlender Geldbetrag, der letzteren für die ihm durch die Straftat erwachsenen Nachteile materieller und/oder immaterieller Art entschädigen sollte[11].

---

10 Vgl. unten Abschn. 6.

11 § 188 StGB a. F. (mit Wirkung zum 1.1.1975 abgeschafft):
„In den Fällen der §§ 186 und 187 kann auf Verlangen des Beleidigten, wenn die Beleidigung nachteilige Folgen für die Vermögensverhältnisse, den Erwerb oder das Fortkommen des Beleidigten mit sich bringt, neben der Strafe auf eine an den Beleidigten zu erlegende Buße erkannt werden.
Eine erkannte Buße schließt die Geltendmachung eines weiteren Entschädigungsanspruches aus".
§ 231 StGB a. F. (aufgehoben durch das EGStGB von 2.3.1974):
„In allen Fällen der Körperverletzung kann auf Verlangen des Verletzten neben der Strafe auf eine an denselben zu erlegende Buße erkannt werden (mindestens eine Mark und höchstens eintausend Mark: Art. III, 2, Verordnung über Vermögensstrafen und Bußen vom 6. Februar 1924, Reichsgesetzblatt, Teil I, 1924 Nummer 7 vom 9. Februar 1924 S. 44–47).
Eine erkannte Buße schließt die Geltendmachung eines weiteren Entschädigungsanspruches aus.
Für diese Buße haften die zu derselben Verurteilten als Gesamtschuldner".

Sie wurde im Strafverfahren geltend gemacht, das heißt, anders als im Römischen Recht, vor dem Strafrichter. Die Zulässigkeit der Buße war nicht vom Eintritt eines Vermögensschadens abhängig. Da aber die Zuerkennung der Buße im Ermessen des Strafrichters stand, konnte der Geschädigte wegen mangelnden Vermögensschadens den Anspruch auf Buße nicht erheben. Mit dem Inkrafttreten des neuen Allgemeinen Teils des StGB und des Einführungsgesetzes am 1. Januar 1975 vollzog sich auch hinsichtlich der Regelung der Geldstrafe eine historische Wende.

Die Natur der Buße war bis dahin umstritten gewesen: In der Literatur wurde sie zum Teil als Strafe gesehen[12]. Nach einer anderen Meinung hatte die Buße eine doppelte oder gemischte Funktion; sie war nicht nur eine Privatstrafe, auch nicht lediglich Schadensersatzrecht, sondern beides zugleich[13].

Nach herrschender Meinung war die Buße Ersatz (d.h. ein zivilrechtlicher Schadensersatzanspruch) und nicht Strafe, weil sie ihren Grund in der Schutzlosigkeit des Verletzten, nicht in der Straflosigkeit des Verletzers hatte[14].

Die Höhe der Buße war begrenzt. Es gab einen Maximalbetrag wie bei der Strafe, und dies spricht meiner Meinung nach gegen ihre reine Ersatznatur.

Die zivilrechtlichen Grundsätze und Voraussetzungen des Schadensersatzes banden den Strafrichter bei Bemessung der Buße indessen in keiner Weise; sie dienten demselben vielmehr nur als Anhaltspunkt.

4. Rechtslage in Deutschland heute

Wie gesagt besteht in Deutschland die Ersatzleistung heutzutage im Schadensersatz (sog. Ausgleichsfunktion). Schadensersatz für immaterielle Schäden wird gemäß § 253 BGB nur in den gesetzlich ausdrücklich genannten Ausnahmefällen gewährt[15].

---

12 Flesch (1876) 291; Rüping (1973) 672 ff. Eine detaillierte Übersicht zu dieser Konzeption findet sich bei Ebert (2004) 17 ff.

13 von Wächter (1874) 17.

14 Graf zu Dohna (1902) 454 ff.

15 § 253 BGB (immaterieller Schaden) lautet: „(1) Wegen eines Schadens, der nicht Vermögensschaden ist, kann Entschädigung in Geld nur in den durch das Gesetz bestimmten Fällen gefordert werden.
(2) Ist wegen einer Verletzung des Körpers, der Gesundheit, der Freiheit oder der sexuellen Selbstbestimmung Schadensersatz zu leisten, kann auch wegen des Schadens, der nicht Vermögensschaden ist, eine billige Entschädigung in Geld gefordert werden".

§ 253 Abs. 2 BGB wurde im Jahre 2002 durch das Zweite Gesetz zur Änderung schadensersatzrechtlicher Vorschriften eingefügt und trat an die Stelle des früheren § 847 BGB. Gleichzeitig wurde § 847 BGB aufgehoben.

§ 847 BGB hatte ohnehin den gleichen Inhalt wie § 253 Abs. 2 BGB, obwohl § 847 BGB ein Deliktsparagraf war[16]. Anders als nach § 847 kann nach § 253 Abs. 2 BGB nicht nur bei deliktischer, sondern auch bei vertraglicher Haftung Schmerzensgeld verlangt werden. Auch in den Fällen der Gefährdungshaftung besteht bei Verletzung des Körpers oder der Gesundheit nunmehr ein Anspruch auf Geldersatz für immaterielle Schäden.

Dennoch spricht das Gesetz nicht mehr von „Schmerzensgeld"; der Begriff kommt im § 253 Abs. 2 BGB nicht vor.

Das Ziel des historischen BGB-Gesetzgebers war ein von pönalen Elementen freies Privatrecht. Aber, wie von Gierke sagte[17], je mehr die Privatstrafe aus dem geltenden Recht verschwindet, desto unentbehrlicher ist die Berücksichtigung des immateriellen Schadens bei der Anordnung der Schadensersatzpflicht.

Tatsächlich war dem Römischen Recht ein Schmerzensgeld fremd. Die Schädigung immaterieller Güter wurde zwar weitgehend im Rahmen von Privatstrafklagen berücksichtigt, es findet sich aber keine Pönalklage, die als Schmerzensgeldklage oder als Buße bezeichnet werden könnte.

Die Wurzel des Schmerzensgeldes liegt vielmehr im deutschen Recht. Die Bußen hatten neben der Straffunktion die Aufgabe, das zugefügte Unrecht zu „bessern". Insoweit dienten sie auch als Ausgleich des immateriellen Schadens.

Danach kam das Schmerzensgeld.

Es ist kein Zufall, dass seit Inkrafttreten des BGB die Buße nach § 231 StGB a. F. in der Praxis mehr und mehr an Bedeutung verlor. Nach § 847 BGB hatten die Verletzten auch die Möglichkeit, den Ersatz eines immateriellen Schadens (und zwar ohne grundsätzliche Begrenzung der Höhe nach) zu verlangen.

Nach der Rechtsprechung des BGH (ab 1955)[18] und nach herrschender Meinung hatte das Schmerzensgeld eine Doppelfunktion. Es sollte dem Verletzten

---

16 § 847 BGB (Schmerzensgeld) lautete: „(1) Im Falle der Verletzung des Körpers oder der Gesundheit sowie im Falle der Freiheitsentziehung kann der Verletzte auch wegen des Schadens, der nicht Vermögensschaden ist, eine billige Entschädigung in Geld verlangen.
(2) (weggefallen 1. Juli 1990) Der Anspruch ist nicht übertragbar und geht nicht auf die Erben über, es sei denn, daß er durch Vertrag anerkannt oder daß er rechtshängig geworden ist".

17 Von Gierke (2010) 8 ff.

18 BGH, Urteil vom 07.02.1995–1 StR 668/94 (LG Baden-Baden) NJW 1995, 1438.

einen kompensatorischen Ausgleich für erlittene Schmerzen und entgangene Lebensfreude bieten und insofern auch Genugtuung für ein vom Schädiger schuldhaft zugefügtes Unrecht verschaffen.

Welchen Zweck die Genugtuungsfunktion erfüllen sollte, war strittig. Natürlich gab es – man muss an dieser Stelle das Präteritum benutzten, weil zweifelhaft ist, ob heute das Schmerzensgeld noch Genugtuungsfunktion hat – nach herrschender Meinung einen Unterschied zwischen Genugtuungsfunktion des Schmerzensgeldes und Strafe: Die Genugtuung fasst den Beschädigten (den Geschädigten) ins Auge. Die Strafe hingegen fasst den Täter ins Auge (den Schädiger).

Nach der Schadensersatzreform von 2002 glauben manche Autoren, dass das Schmerzensgeld keine Genugtuungsfunktion mehr habe: Weil § 253 Abs. 2 BGB sich auch auf Tatbestände der Gefährdungshaftung erstreckt, kann das Schmerzensgeld nicht mehr auf den Gedanken der Genugtuung gestützt werden[19]. Die Vorstellung, dem Schädiger wegen seines Verhaltens ein Übel zuzufügen, das dem Geschädigten moralische Befriedigung verschafft, hat hier keinen Platz.

5. Persönlichkeitsrechte

Auf jeden Fall gibt es eine Ausnahme von der Regel „Schadensersatzrecht hat nur Ausgleichsfunktion“: die Persönlichkeitsrechte. In seiner Rechtsprechung hat der BGH klargestellt, dass im Zivilrecht die Prävention von Verletzungen von Persönlichkeitsrechten durch die Genugtuung erfolgt (=Präventivfunktion des Schadensersatzrechts). Seit den Entscheidungen des BGH zu den Persönlichkeitsrechtsverletzungen von Prinzessin Caroline von Monaco ist anerkannt, dass der Gedanke der Prävention die Höhe der Geldentschädigung prägt: „Von der Höhe der Geldentschädigung muss deshalb ein echter Hemmungseffekt auch für solche Vermarktung der Persönlichkeit ausgehen“[20]. Die Literatur bezeichnet den Geldersatz nach Persönlichkeitsrechtsverletzungen als „Privatstrafe“[21],

---

19 Vor allem Staudinger BGB (2005)/*Gottfried Schiemann*, § 253, Rn. 29–30.

20 BGH, Urteil vom 15.11.1994, BGHZ 128, 1, 16; BGH 7.02.1995–1 StR 668/94, NJW 1995, 1438: „Bei der Bemessung einer Geldentschädigung, die im Fall einer schweren Verletzung des Persönlichkeitsrechts zu zahlen ist, kommt dem Präventionsgedanken besondere Bedeutung zu“; OLG Hamburg, Urteil vom 04.11.2008–7 U 71/08, BecksRS 2009, 87051.

21 Hirsch (1969) 310: „Es würde der Genugtuungslehre jedoch nicht gerecht werden, wollte man sie allein schon auf Grund der Feststellung ablehnen, daß es bei ihr in Wahrheit um eine Wiedererweckung der Privatstrafe geht. Es wäre immerhin denkbar, daß die Privatstrafe doch nicht ganz verzichtbar ist und daß trotz der in der

obwohl zu bemerken ist, dass heute pönale Momente nicht „Strafe" sondern nur präventiver Zweck des Schadensersatzrechts (nicht nur Schadenausgleich) sind.

Manche Autoren[22] haben bemerkt, dass sich der Begriff Genugtuung manchmal als Synonym für Privatstrafe erwiesen hat. Die Rechtsprechung versteht unter Genugtuung Privatstrafe, d.h. einen präventiven Zweck des Schadensersatzrechts.

6. Rechtslage in Italien

Im Unterschied zu Deutschland ist das italienische System außervertraglicher Haftung charakterisiert von der zentralen Stellung der allgemeinen Regel des Art. 2043 c.c. (außervertragliche Ansprüche auf Schadensersatz)[23].

Während man in Deutschland von „gesetzlicher Haftung" spricht, wird in Italien mit dem Begriff der außervertraglichen Haftung oder „*Aquiliana*-Haftung" operiert. Wie die *Lex Aquilia* ist das italienische Deliktsrechtssystem dahingehend atypisch und offen, dass keine bestimmten geschützten Positionen *a priori* festgestellt werden (Modell der atypischen unerlaubten Handlung).

Weiterhin lässt die Allgemeinheit des Syntagmas *danno ingiusto* (widerrechtlicher Schaden), welches in der einzigen zivilrechtlichen allgemeinen Haftungsnorm – Art. 2043 c.c. – erwähnt wird, der Entwicklung der Rechtsordnung bei der Ausarbeitung der für ihre Anwendung erforderlichen Kriterien Raum.

Heute verfolgt das Schadensersatzrecht in Italien, ebenso wie in Deutschland, eine Ausgleichsfunktion. Das heißt, dass man sich mit Hilfe der dem Geschädigten zugesprochenen Geldsumme bemüht, diesen in dieselbe wirtschaftliche Lage zu versetzen, in der er sich vor dem schädigenden Ereignis befunden hatte (Prinzip der Kompensation).

Dennoch ist zu bemerken, dass der italienische *codice civile* (Zivilgesetzbuch) von 1942 vom Prinzip des *alterum non laedere* beeinflusst war. Die früheren Vertreter der Lehre berufen sich auf den älteren Leitsatz „Keine Haftung ohne Verschulden". Deshalb wird Art. 2043 c.c. *responsabilità aquiliana* genannt. Es gab

---

zweiten Hälfte des 19. Jahrhunderts erreichten grundsätzlichen Abschaffung später in § 847 BGB eine Ausnahme entstanden ist"; Kern (1991) 247 ff.; Von Bar (1998) Rn. 609; Stürner (1999) 1201 ff.

22 Müller (2000); Ebert (2004).

23 Art. 2043 c.c. (Schadenersatz wegen einer unerlaubten Handlung) lautet: „Jede vorsätzliche oder fahrlässige Handlung, die einem anderen einen widerrechtlichen Schaden zufügt, verpflichtet denjenigen, der sie begangen hat, den Schaden zu ersetzen".

also folgende Entwicklung: Die sanktionierende Funktion ist heute reparatorisch geworden.

7. Nichtvermögensschaden

Der Nichtvermögensschadenwird in Italien von Art. 2059 c.c. in dem den unerlaubten Handlungen gewidmetem Teil des *codice civile* geregelt[24]. Dieser bestimmt, dass der Nichtvermögensschaden nur in den vom Gesetz bestimmten Fällen zu ersetzen ist. Der Wortlaut dieser deliktsrechtlichen Vorschrift entspricht somit im Grunde der in § 253 Abs. 1 BGB enthaltenen Vorschrift über den immateriellen Schaden.

Mit dieser Bestimmung verfolgte der italienische Gesetzgeber einen eindeutig restriktiven Ansatz beim Ersatz nicht vermögenswerter Schäden, indem er deren Ersetzbarkeit mittels Gesetzesverweis auf die gesetzlich vorgesehenen Fälle beschränkte. Die einzige praktisch relevante Referenznorm zu Art. 2059 c.c. war vom Jahr des Inkrafttretens des italienischen Zivilgesetzbuchs bis weit in die Gegenwart hinein Art. 185 c.p. (*codice penale* – Strafgesetzbuch).

Damit wurde in der traditionellen Auslegung von Art. 2059 c.c. die Ersetzbarkeit immaterieller Schäden regelmäßig an die Erfüllung eines Straftatbestands geknüpft.

In der italienischen Rechtsordnung war Art. 185 c.p. die einzige derartige gesetzliche Vorschrift[25], so dass immaterielle Schäden nur ersetzt werden konnten, wenn eine Strafnorm verletzt war (= *pretium doloris*).

In Fällen der Verletzung des Körpers oder der Gesundheit, in denen die höheren Anforderungen des Schuldbegriffs im strafrechtlichen Sinne nicht erfüllt waren, konnte das Opfer nur den Ersatz des Vermögensschadens gemäß Art. 2043 c.c. verlangen.

Im Jahr 1986 legte das italienische Verfassungsgericht den *danno biologico* (Gesundheitsschaden) als reinen Verlust der körperlichen oder psychischen Gesundheit aus, der „für alle Personen völlig gleich" zu ersetzen und unabhängig

---

24 Art. 2059 c.c. (Nichtvermögensschäden) lautet: „Nichtvermögensschäden sind nur in den vom Gesetz bestimmten Fällen zu ersetzen".

25 Art. 185 Abs. 1 c.p. lautet: „1. Jede strafbare Handlung verpflichtet nach Maßgabe des Zivilrechts zur Wiederherstellung.
2. Jede strafbare Handlung, die einen Vermögensschaden oder einen nicht vermögensrechtlichen Schaden (Art. 2059 c.c.) verursacht hat, verpflichtet den Täter und diejenigen, die nach Maßgabe des Zivilrechts für dessen Handeln haften, zu Schadensersatz".

von den Vermögensfolgen oder dem körperlichen oder geistigen Schmerz auszugleichen sei[26].

Der *danno biologico* steht einem verfassungsrechtlichen Rechtsgut gleich und unterscheidet sich vom Schmerzensgeld (*danno morale*).

Der *danno biologico* stellt eine medizinisch diagnostizierbare Gesundheitsbeschädigung dar und muss auch in Fällen ersetzt werden, in denen die höheren Anforderungen eines Straftatbestandes nicht erfüllt sind.

Er fällt unter die engen Grenzen des Art. 2043 c.c. Das heißt, dass das italienische Verfassungsgericht den *danno biologico* unter die Generalklausel in Art. 2043 c.c. in Verbindung mit Art. 32 Cost. (*Costituzione della Repubblica Italiana* – Verfassung) subsumiert[27]. Gesundheitsschäden sind wie Vermögensschäden zu behandeln, obwohl sie eigentlich Nichtvermögensschäden sind.

Das Schmerzensgeld stellt nur ein *pretium doloris* dar, fällt also unter die engen Grenzen des Art. 2059 c.c. und muss deshalb nur in gesetzlich bestimmten Fällen (bei Straftat) zugesprochen werden.

Seit 2003 bejahen die *Corte di cassazione*[28] und das ital. Verfassungsgericht[29] die verfassungsrechtliche Auslegung des Art. 2059 c.c., so dass nunmehr jede Verletzung eines Menschenrechts mit Verfassungsrang einen Schadensersatzanspruch begründen kann, ohne dass eine Straftat vorliegen muss. Heute muss in Italien der immaterielle Schadensersatz in drei Fällen gewährleistet werden (Dreiteilung der Nichtvermögensschäden): erstens wenn ein Menschenrecht verletzt wird, d.h. wenn die unerlaubte Handlung eine schwere Verletzung eines verfassungsrechtlich geschützten, unverletzlichen Rechts der Person zu Folge hat; zweitens bei Gesundheitsverletzung; drittens im Falle einer Straftat und in anderen gesetzlichen Fällen.

---

26 *Corte costituzionale*, Urteil vom 14.07. 1986 Nr. 184, Foro it., 1986, I, 2053, 2976; Giust. civ., 1986, I, 2324.

27 Art. 32 *Costituzione italiana* (1948) lautet: „Die Republik schützt die Gesundheit, die ein Grundrecht des einzelnen ist und im Interesse der staatlichen Gemeinschaft liegt".

28 Cass., Urteil vom 31.5.2003 Nr. 8827, Danno e resp., 2003, 819 mit Anmerkung von *Busnelli/Ponzanelli*; Cass., Urteil vom 31.5.2003 Nr. 8828, Resp. civ. e prev. 2003, 675 mit Anmerkung von *Bargelli/Cendon/Ziviz*. Siehe auch Cass., Vereinigte Senate, Urteil vom 11.10.2008 Nr. 26973, Foro it. 2009, 1, I, 120 mit Anmerkung von *Palmieri/ Pardolesi/Simone/Ponzanelli/Navarretta*.

29 *Corte costituzionale*, Urteil vom 11.7.2003 Nr. 233, Giur. cost., 2003, 4, Dir. & Formazione, 2003, 1177, mit Anmerkung von *Cendon/Ziviz*; Giust. civ., 2003, I, 2019; Danno e resp., 2003, 939 mit Anmerkung von *Bona/Cricenti/Ponzanelli*; Foro it., 2003, I, 2201 mit Anmerkung von *Navarretta*.

Art. 2043 c.c.	Vermögensschäden
Art. 2059 c.c.	Nichtvermögensschäden

Schließlich erklärte die *Corte di cassazione* (Vereinigte Senate) im Urteil vom 11.10.2008 Nr. 26973[30], dass für einen Ersatz von Nichtvermögensschäden alle die deliktische Haftung begründenden Voraussetzungen des Art. 2043 c.c. erfüllt sein müssen. Somit begründet Art. 2059 c.c. keinen eigenständigen Haftungstatbestand, sondern erlaubt den Ersatz von immateriellen Schäden nur dann, wenn alle Voraussetzungen des Art. 2043 c.c. erfüllt sind.

Nach heutiger Ansicht haben die Nichtvermögensschäden, die von Art. 2059 c.c. geregelt werden, eine angemessene Ausgleichsfunktion[31].

Die Kriterien, die in Deutschland und Italien zur Feststellung der zu leistenden Schadensersatzbeträge dienen, weisen keine erheblichen Unterschiede auf. Die Bemessung des Nichtvermögensschadens erfolgt in Italien nach freiem Ermessen des Richters. Anders als in Deutschland sieht das Gesetz selbst die Anwendung dieses Kriteriums vor, wenn der Schaden in seiner genauen Höhe nicht nachgewiesen werden kann. Das ist im Allgemeinen für jede Art von Nichtvermögensschaden der Fall.

Bezüglich des Gesundheitsschadens ist die Berechnungsmethode umstritten. Immer aber gilt die Ermahnung des ital. Verfassungsgerichts und der *Corte di cassazione*, eine Uniformität der richterlichen Bemessungskriterien anzustreben. Die zur Anwendung kommende Tabelle unterscheidet sich je nach Gerichtshof. Mittlerweile gibt es allerdings einen Gesetzesentwurf für eine nationale Tabelle. Um eine einheitliche Rechtsanwendung zu gewährleisten, sind die Richter laut Empfehlung der *Corte di cassazione* 2011[32] gehalten, die Tabelle des *Tribunale di Milano* zu benutzen.

Auch für die Bestimmung des *danno morale* (Schmerzensgeld) gilt gemäß *Corte di cassazione* das Kriterium des Invaliditätspunkts. In diesem Zusammenhang

30 In Danno e Resp., 2009, 1, 19 mit Anmerkung von *Procida Mirabelli di Lauro/Landini*; Riv. Dir. Civ., 2009, 1, 2, 97 mit Anmerkung von *Busnelli*. Änlich Cass., Urteil vom 30.6.2011 Nr. 14402, Foro It., 2011, 9, 2274.

31 Dazu kritisch: Busnelli (2011) 587 ff. Nach der provokanten Meinung des Autors würden diejenigen Vermögensschäden und Nichtvermögensschäden, die ökonomisch bewertbar sind, von Art. 2043 c.c. geregelt. Dagegen solle der „*danno morale*" des Art. 2059 c.c., also ein Schaden der ökonomisch nicht bewertbar ist, nur pönale Funktion haben.

32 *Cass.*, Urteil vom 7.6. 2011 Nr. 12408, Resp. civ. e prev., 2011, 10, 2018 mit Anmerkung von *Ziviz*.

11. Sonderfälle. B) Art. 96-ter c.p.c. als neue Form von Privatstrafe?

Art. 96-ter c.p.c. bestimmt: „1. Wenn die unterliegende Partei böswillig oder grob fahrlässig geklagt oder bestritten hat, verurteilt sie das Gericht auf Antrag des Gegners zusätzlich zum Kostenersatz auch zum Ersatz des Schadens, den es, auch von Amts wegen, im Urteil festsetzt.

2. Stellt das Gericht das Nichtbestehen des Rechtes fest, aufgrund dessen eine Sicherungsmaßnahme erwirkt oder eine gerichtliche Klage angemerkt oder eine gerichtliche Hypothek eingetragen oder die Zwangsvollstreckung eingeleitet oder durchgeführt wurde, so verurteilt es auf Antrag der geschädigten Partei den Kläger oder den Vollstreckungsgläubiger, wenn er ohne die gewöhnliche Sorgfalt gehandelt hat, zum Ersatz der Schäden. Die Schadensfeststellung erfolgt gemäß dem vorhergehenden Absatz.

3. Jedenfalls kann das Gericht, auch von Amts wegen, wenn es die in Art. 91 c.p.c. enthaltene Entscheidung (Kostentragung) fällt, die unterliegende Partei zu *ex aequo et bono* verurteilen[36].

Die italienische Rechtsprechung sieht in Art. 96-ter c.p.c. eine Privatstrafe gegen den Prozessmissbrauch (*abuse of process*) vor[37] („Jedenfalls kann das Gericht"), weil Abs. 3, im Unterschied zu Abs. 1, den Täter (= die unterliegende Partei) und nicht den Beschädigten im Blick hat.

---

36 Fassung laut Gesetz vom 18.06.2009 Nr. 69.

37 *Ex multis*: Trib. Milano, Urteil vom 11.1.2012, Danno e resp., 2012, 661 mit Anmerkung von *Busnelli/D'Alessandro*; *Trib. Pistoia*, Urteil vom 8.11.2011; Trib. Siena, Urteil vom 9.6.2011, Giur. mer., 2011, 2697 mit Anmerkung von *Barreca*; Trib. Foggia, Urteil vom 28.1.2011, Giur. mer., 2011, 2697; Trib. Varese, Urteil vom 22.2.2011, *Resp. civ. e prev.*, 2011, 12, 2574 mit Anmerkung von *Morano Cinque*; Trib. Rovigo, sez. dist. Adria, Urteil vom 7.12.2010, www.altalex.com; Trib. Varese, sez. Luino, *ordinanza* 23.1.2010, Foro it., 2010, I, 2229 mit Anmerkung von *Scarselli/Porreca*; Trib. Piacenza, Urteil vom 7.12.2010, Nuova giur. civ. comm., 2011, I, 435 mit Anmerkung von *Breda*; Trib. Prato, Urteil vom 6.11.2009, Foro it., 2010, I, 2229; Trib. Salerno, 9 gennaio 2010, Foro it., 2010, I, 1018. Entsprechend: Viola (2010) 806 ff.; Barreca (2011) 2705 ff.; Lupano (2011) 234 ff.; Commentario Consolo c.p.c. (2010)/*Pasquale Nappi,* Art. 96, 1076.

12. Die Beziehungen zwischen der pönalen Funktion des Schadensersatzrechts und den europäischen und nationalen IPR-Regeln

Nach dem oben Gesagten stellt sich nun die Frage, was geschieht, wenn deutsche oder italienische Richter ausländisches Schadensersatzrecht anwenden sollen, das eine pönale Funktion hat.

Für die außervertragliche Haftung in der EU bestimmt die Rom II-Verordnung in Art. 4 ff. das Deliktsstatut.

Wie erörtert, ist der Begriff des außervertraglichen Schuldverhältnisses für die Rom II-VO autonom auszulegen.

Die Rom II-VO erkennt die Parteiautonomie auch im außervertraglichen Haftungsrecht an. Der Geschädigte kann ex post (nach der Verletzung) oder ex ante über seine Rechte fast immer frei verfügen.

Haben die Parteien keine Rechtswahl getroffen, so ist nach Art. 4 Abs. 1 der Rom II-VO auf ein außervertragliches Schuldverhältnis aus unerlaubter Handlung das Recht desjenigen Staates anzuwenden, in dem der Schaden eingetreten ist. Die Geltung der lex loci delicti commissi entspricht europäischem Standard. Nach Art. 26 der Rom II-VO kann die Anwendung einer Vorschrift des von der Verordnung bezeichneten Gesetzes nur versagt werden, wenn das Ergebnis ihrer Anwendung mit der öffentlichen Ordnung des Gerichtsstaates unvereinbar wäre. Ursprünglich war geplant, die Problematik der Privatstrafen in den Verordnungstext selbst aufzunehmen. Im Vorfeld der Rom II-VO enthielten eine Reihe europäischer Deliktskoordinationsrechte neben einem allgemeinen zudem spezielle *Ordre public*-Vorbehalte. Sie zielten meist darauf ab, als exzessiv empfundene Ersatzverpflichtungen ausländischer Rechte, die anderen Zielen als der Entschädigung des Opfers dienten, auszuschließen, so vor allem zu Strafzwecken verhängte *punitive* damages des US-amerikanischen Rechts. Dieses Vorhaben scheiterte aber zum einen an britischem Widerstand, weil das englische Recht die Verpflichtung zu solchen Schadenersatzleistungen erlaubt. Die Briten wollten nicht, dass ein Institut des britischen Rechts (*exemplary damages*) als *Ordre public*-widrig beurteilt würde.

Letztendlich wurde eine „vermittelnde Lösung" gewählt, ein Kompromiss: der Erwägungsgrund Nr. 32 mit seiner offenen Formulierung und dem expliziten Verweis auf die Rechtsordnung des Forums. Der *Ordre public* wird durch

Erwägungsgrund Nr. 32 konkretisiert und die Erwägungsgründe sind nicht nur unverbindliche Motive, sondern integraler Bestandteil der Verordnung[38].

Die Konkretisierung des *Ordre public* ist Sache der Gerichte der Mitgliedstaaten, die dabei die eigenen nationalen Standards anwenden. Zudem sind natürlich die gemeinschaftsrechtlichen Grundprinzipien anzuwenden. In Deutschland zum Beispiel gibt es eine Rückkehr zur Regelung des Art. 40 Abs. 3 EGBGB.

Das heißt, dass im Falle eines exorbitanten Schadensersatzes nach ausländischem Recht Art. 26 Rom II-VO in erster Linie die Begrenzung der Höhe des Anspruchs („Kappungsgrenze") bewirkt; nur in Extremfällen eines gänzlich zweckwidrigen Schadensersatzes kommt eine Anspruchsreduktion auf Null in Betracht. Leider lässt sich eine Höchstgrenze nicht festlegen.

13. Das deutsche IPR

Art. 40 Abs. 3 EGBGB verfolgt in Nr. 1, 2 einerseits und Nr. 3 andererseits unterschiedliche Normzwecke. Nr. 1 und Nr. 2 sind in erster Linie eine lex americana mit dem Ziel, dem US-amerikanischen Schadensersatzrecht mit seinen exorbitant hohen Schmerzensgeldbeträgen und exzessiven Mehrfach- oder Strafschadensersatzsummen (multiple damages, punitive damages) Grenzen zu setzen. Nr. 1 richtet sich gegen multiple damages; Nr. 2 richtet sich gegen punitive damages „american style". Mit anderen Worten: der Zweck der ausländischen Entschädigungsregeln ist Kernpunkt der Diskussion um die Vereinbarkeit der Schadensersatzzusprüche mit dem deutschen *Ordre public*.

Die Zuerkennung eines Strafschadensersatzes ist gemäß Art. 40 Abs. 3 Nr. 2 EGBGB *Ordre public*-widrig; dies gilt jedoch nur dann, wenn der Anspruch „offensichtlich" anderen Zwecken als der angemessenen Entschädigung des Verletzten dient. Andere Zwecke als den Schadensausgleich verfolgen die US-amerikanischen *punitive damages*: Regelmäßig wollen sie Strafe und Abschreckung für den (potentiellen) Schädiger sowie Belohnung für den Geschädigten sein. Demgegenüber sieht die deutsche Zivilrechtsordnung als Rechtsfolge einer unerlaubten Handlung nur den Schadensausgleich (§§ 249 ff. BGB), nicht aber eine Bereicherung des Geschädigten vor"[39].

So ist die Zulassung von *punitive damages* im inländischen Erkenntnisverfahren beschränkt.

Wie gesagt kennt auch die deutsche Rechtsordnung, insbesondere beim Geldersatz für immaterielle Schäden, Prävention und Abschreckung als Zwecke

38 Münchener Kommentar BGB (2010)/*Abbo Junker*, Art. 40 EGBGB, Rn. 27.

39 Oben Fn. 1.

deliktischer Haftung. Spätestens seit den Entscheidungen des BGH zu den Persönlichkeitsrechtsverletzungen von Prinzessin Caroline von Monaco ist anerkannt, dass der Gedanke der Prävention die Höhe der Geldentschädigung prägt. Sind aber Prävention und Abschreckung höchstrichterlich anerkannte Ziele beim Ersatz des immateriellen Schadens, so kann auch ausländisches Recht, das offensichtlich andere Zwecke als eine angemessene Entschädigung des Verletzten verfolgt, insofern nicht als *Ordre public*-widrig gelten. Eine nach ausländischem Recht zu bejahende Privatstrafe kann also in Deutschland geltend gemacht werden.

14. Rechtslage in Italien

Für die außervertragliche Haftung in der EU bestimmt die Rom II-Verordnung in Art. 4 ff. das Deliktsstatut. In Italien gilt nur Art. 26 Rom I-VO. Es gibt keine spezielle *Ordre public*-Klausel wie den deutschen Art. 40 Abs. 3 EGBGB. Gemäß italienischem Gesetz Nr. 218/1995 kann der Richter das zurückverweisende ausländische Recht nicht anwenden, wenn seine Wirkungen gegen „die Rechtsordnung verstoßen". Falls das ausländische Gesetz *Ordre public*-widrig ist, gibt es keine „Kappungsgrenze". Das italienische Gericht soll akzessorische Anknüpfungen anwenden. Falls es keine akzessorischen Anknüpfungen gibt, soll das Gericht italienisches Recht anwenden. Auf jeden Fall ist in Italien die *lex americana (punitive damages) Ordre public*-widrig, genauso wie in Deutschland. In beiden Ländern wird also das gleiche Ergebnis erreicht.

15. Die Anerkennung und Vollstreckung von „Punitive-Damages- Entscheidungen" in Deutschland

Bekannt ist der Prozess des Arztes Dr. Gore gegen BMW und deren amerikanische Vertriebsgesellschaft auf Schadenersatz. Gore hatte einen BMW als Neuwagen gekauft, ohne darüber informiert worden zu sein, dass der Wagen wegen Lackschäden beim Transport frisch lackiert worden war. Diese Verkaufspraxis ist in einigen Staaten der USA, so auch in Alabama, verboten. Die Jury verurteilte die Beklagten zur Zahlung von USD 4.000 als Minderwert sowie zu *punitive damages* von USD 4 Mio. Diese Zahl entstand offenbar, indem sie die knapp 1.000 in den gesamten USA trotz Neulackierung als Neuwagen verkauften BMW mit einem angenommenen Minderwert von USD 4.000 pro Fahrzeug multiplizierte[40].

40 *US Supreme Court*, Entscheidung Gore v. BMW of North America, Inc., 116 S. ct. 1589 (1996).

Voraussetzung für die Zuerkennung von *punitive damages* ist zunächst, dass der Geschädigte gegen den Schädiger einen deliktsrechtlichen Anspruch auf Schadensersatz hat. Der Betrag der *punitive damages* geht über den Schadensersatz hinaus (Präventivfunktion).

Die Höhe der *punitive damages* lag (in der Vergangenheit) im freien Ermessen der Jury, deshalb waren die Beträge so hoch[41].

Mit dem Urteil vom 4.6.1992 hatte der BGH[42] erstmals über die Anerkennungsfähigkeit und Vollstreckbarkeit eines US-amerikanischen *Punitive-damages*-Urteils in Deutschland zu entscheiden. Der Kläger, ein US-amerikanischer Staatsbürger, wurde von dem Beklagten, der seit der Geburt die deutsche Staatsbürgerschaft hatte und später die US-amerikanische Staatsbürgerschaft hinzuerwarb, sexuell missbraucht (gemeinsames Masturbieren in fünf Fällen). Beide Parteien lebten zur Tatzeit in Kalifornien. Der Kläger war zu dieser Zeit noch nicht 14 Jahre alt. 1984 war der Beklagte wegen dieser Tat in einem Strafverfahren von einem US-amerikanischen Gericht wegen sexuellen Missbrauchs von Jugendlichen zu einer langjährigen Freiheitsstrafe verurteilt worden. Der Vollstreckung der Strafe hatte er sich durch Absetzen nach Deutschland entzogen. In einem nachfolgenden Zivilverfahren vor dem *Superior Court of the State of California* erwirkte der Kläger gegen den Beklagten ein (rechtskräftiges) Schadensersatzurteil, in dem ihm Schadensersatz in Höhe von USD 750.260 zugesprochen wurde.

Dieser Betrag setzte sich aus folgenden Einzelposten zusammen: USD 260 als Arztkosten; USD 100.000 für künftige medizinische Versorgung; USD 50.000 für eine voraussichtlich erforderliche Unterbringung des Klägers; USD 200.000 Schmerzensgeld (*pain and suffering*); USD 400.000 *punitive damages.*

Der Kläger begehrte, dieses Urteil in Deutschland für vollstreckbar zu erklären.

Der BGH ließ die Vollstreckbarerklärung dieses Urteil nur insoweit zu, als es dem Kläger Ersatz für materiellen und immateriellen Schaden gewährte. Dagegen lehnte er die Vollstreckbarerklärung hinsichtlich der *punitive damages* ab.

Die generalpräventive Wirkung der *punitive damages* ist nach dem BGH unvereinbar mit dem Bestrafungsmonopol des Staates.

Außerdem kann für die Bestimmung des nach § 328 Abs. 1 Nr. 4 ZPO zu beachtenden *Ordre public* die Genugtuungsfunktion eines Schmerzensgeldanspruchs nach deutschem Recht mithin nur herangezogen werden, soweit die

41 Vgl. unten Fn. 45.

42 BGH, Urteil vom 04.06.1992 - IX ZR 149/91 (Düsseldorf).

punitive damages auch immaterielle Schäden ausgleichen sollen. Im Streitfall ist dies aber bereits durch gesondertes Zuerkennen einer Entschädigung für *pain and suffering* uneingeschränkt geschehen.

Seit 1992 gibt es in Deutschland kein weiteres Urteil des BGH zu diesem Thema.

16. Problem der Anerkennungsfähigkeit und Vollstreckbarkeit eines US-amerikanischen *Punitive-damages*-Urteils in Italien

Seit 1995 erfolgt auch in Italien die Anerkennung unmittelbar kraft Gesetzes (Gesetz Nr. 218 vom 31.05.1995, Art. 64). Die Wirkungen eines US-amerikanischen Urteils werden – soweit die Anerkennungsvoraussetzungen gegeben sind – *ipso iure* auf das Inland erstreckt, ohne dass es eines besonderen Anerkennungsaktes bedarf[43]. Falls eine Partei, die an die Urteilswirkungen gebunden ist, die Wirkungen eines ausländischen Urteils im Inland bestätigen möchte, können diese Gegenstand einer positiven Feststellungsklage sein. Art. 67 Abs. 1 Gesetz Nr. 218/1995 sieht diese Möglichkeit vor.

Mit Urteil vom 19. Januar 2007[44] – 15 Jahre nach der Rechtsprechung in Deutschland – hatte die ital. *Corte di cassazione* erstmals über die Anerkennungsfähigkeit der Vollstreckbarkeit eines US-amerikanischen *Punitive damages*-Urteils in Italien zu entscheiden:

A., amerikanischer Staatsbürger, starb in den USA nach einem tragischen Motorradunfall. Aufgrund einer Kollision mit einem Kraftfahrzeug hatte er wegen

---

43 Hindernistatsachen der Wirkung des ausländischen Urteils sind die Anerkennungshindernisse in Bezug auf Art. 64 Gesetz Nr. 218/1995:
Art. 64, Buchst. *B*, zweiter Teil (prozessualer *Ordre public*),
Art. 64, Buchst. *E* (Unvereinbarkeit mit einer inländischen Rechtskraft),
Art. 64, Buchst. *F* (Rechtshängigkeit des inländischen Verfahrens mit dem gleichen Streitgegenstand),
Art. 64, Buchst. *G* (materieller *Ordre public*).
Konstituierende Tatsachen der Wirkung des ausländischen Urteils sind die Anerkennungserfordernisse. Anerkennungshindernisse verweisen auf Art. 64 Gesetz Nr. 218/1995:
Art. 64, Buchst. *A* (Internationale Zuständigkeit),
Art. 64, Buchst. *B*, erster Teil, und *C* (= § 328 Nr. 2 ZPO),
Art. 64, Buchst. *D* (formelle Rechtskraft des ausländischen Urteils).

44 Cass., 3. Senat, Urteil vom 19.1.2007 Nr. 1183, Foro it., 2007, I, 1461 mit Anmerkung von Ponzanelli.

eines Konstruktionsfehlers seinen Helm verloren. Die italienische Gesellschaft Fimez s.p.a. produzierte den von A. getragenen Helm. Deshalb klagte B., die Mutter von A., gegen Fimez s.p.a. vor dem amerikanischen Gericht (*district court of Alabama*). Das Gericht sprach zu Gunsten der Klägerin ein (rechtskräftiges) Schadensersatzurteil in Höhe von USD 1 Mio.

Die *Corte di cassazione* erklärte – wie im oben behandelten Fall der deutsche BGH – das Urteil nicht für vollstreckbar. In Italien sind *Punitive-damages*-Urteile *Ordre public*-widrig. Tatsächlich meinte die *Corte di cassazione*, ähnlich wie der BGH im Urteil vom 4.6.1992, die US-amerikanischen *punitive damages* seien nicht mit dem Nichtvermögenschaden (*danno morale*) vergleichbar, der nach italienischen Grundsätzen im Bereich der Zumessung von Schmerzensgeld nach Art. 2059 c.c. zu berücksichtigen ist. Der *danno morale* fasst den Beschädigten ins Auge, die *punitive damages* fassen den Täter ins Auge. Die italienische Rechtsordnung sieht als Rechtsfolge einer unerlaubten Handlung nur den Schadensausgleich, nicht aber eine Bereicherung des Geschädigten vor.

Mit einem nachfolgenden Urteil vom 8.2.2012[45] hat die *Corte di cassazione* bestätigt, dass ein US-amerikanisches Schadenersatzurteil das auf Zahlung von USD 5 Mio. wegen eines Arbeitsunfalls verurteilt, *Ordre public*-widrig ist.

Anders ist dagegen die Situation in Frankreich. Die *Cour de cassation* hat in zwei Entscheidungen erklärt[46], dass ausländische Urteile, die Strafschadensersatz gewähren, grundsätzlich nicht gegen die öffentliche Ordnung verstoßen und anerkannt werden. Sofern sie aber unverhältnismäßig zum erlittenen Schaden und der Vertragsverletzung sind, liegt ausnahmsweise ein Verstoß gegen den *Ordre public* vor.

Allerdings bleibt ein Problem mit dem Proportionalitätsprinzip: Die Höhe der „*punitive damages*" ist immer noch höher als die Summe, die als Schadensersatz liquidiert wird. Dadurch wird das Proportionalitätsprinzip verletzt[47]. Daher

---

45 Cass., 1. Senat, Urteil vom 8.2.2012 Nr. 1871, *Danno e Resp.* 2012, 609 mit Anmerkung von Ponzanelli.

46 *Cour de cassation*, 1. Senat, Urteil vom 1.12.2010 Nr. 09–13303; *Cour de cassation*, 1. Senat, Urteil vom 7.11.2012 Nr. 11–23871.

47 Tatsächlich gab es ab 2006 eine Entwicklung bezüglich der Angemessenheit der „*punitive damages*" in der Rechtsprechung des *Supreme Court*. In „State Farm Mutual Auto Insurance Co v. Campbell" kam der *Supreme Court* zu der Auffassung, dass ein Verhältnis zwischen kompensatorischem Schadensersatz und *punitive damages* von maximal eins zu neun akzeptabel ist. Die Grenze der liquidierten Summe als *punitive damages* beträgt maximal ein Neuntel des Schadensersatzbetrags. Deshalb ist das Proportionalitätsprinzip noch verletzt. 2008 kam der *Supreme Court* in „Exxon

konnten die amerikanischen *punitive damages* Urteile nicht anerkannt werden. Man kann daraus schließen: Frankreich ist durchaus nicht „*american*"- freundlicher als Deutschland und Italien.

17. Schlussbemerkung

Die Untersuchung hat gezeigt, dass, obwohl Deutschland und Italien eine unterschiedliche Entwicklungsgeschichte haben, in der Funktion des Schadensersatzrechts grundsätzlich kaum Unterschiede bestehen. Insbesondere ist der Zweck des Schadensersatzrechts fast identisch: Beide Länder sehen die Ausgleichsfunktion und nicht pönale Momente als primäres Ziel an. So entsprechen sich aus dieser Sicht auch die Funktionen der materiellen *Ordre public*-Klausel im IPR und im IZPR. Leistungsurteile auf Ersatz, die eine ausschließlich präventive Funktion haben, werden in beiden Ländern nicht anerkannt.

Shipping Co v. Baker" zu folgendem Schluss: „In derartigen Seerechtsfällen stellt ein Eins-zu-eins-Verhältnis eine gerechte Obergrenze dar, um als Schutz vor der Verhängung von Strafschadensersatz in einer Höhe, die unvorhersehbar und für Zwecke der Abschreckung und der maßvollen Vergeltung nicht notwendig ist, zu dienen". Der Entscheidung des *Supreme Courts* lag die Tankerkatastrophe der Exxon Valdez vor Alaska im Jahr 1989 zu Grunde. Der Unfall ereignete sich, nachdem der stark alkoholisierte Kapitän den Tanker in gefährliche Gewässer gelenkt hatte und die Brücke aus unerklärlichen Gründen verließ. Exxon wusste, dass der Kapitän seit einiger Zeit Alkoholprobleme hatte. Bei dem Unfall flossen zehntausende Tonnen Rohöl in den Prinz-William-Sund, verpesteten das empfindliche Ökosystem und verseuchten über 200 km Küste.
Exxon gab ca. USD 2,6 Mrd. für Säuberungsmaßnahmen aus und zahlte ca. USD 125 Mio. für strafrechtliche Verstöße gegen den *Clean Water Act*. Zudem gab es eine Sammelklage (Einwohner Alaskas, Fischer etc.). In dem Sammelklageverfahren erkannte Exxon an, fahrlässig gehandelt zu haben und für die durch den Unfall verursachten Schäden schadenersatzpflichtig zu sein. Das Gericht (*district court for the District of Alaska*) verurteilte Exxon dazu, den Klägern USD 507,5 Mio. als Schadensersatz und USD 5,5 Mrd. als *punitive damages* zu zahlen. Der *Supreme Court* nahm den Fall zur Entscheidung an, um drei Punkte zu prüfen: 1) ob das Seerecht eine Haftung von Unternehmer für *punitive damages* wegen Handlungen leitender Angestellter zulässt; 2) ob der „*Clear Water Act*" die Auferlegung von *punitive damages* in Wasserverschmutzungsfällen ausschließt und ob die Exxon auferlegten *punitive damages* im Seerechtskontext unverhältnismäßig hoch seien.

Literaturverzichnis

Barreca (2011): *Giuseppina Barreca*, La responsabilità processuale aggravata: presupposti della nuova disciplina e criteri di determinazione della somma oggetto della domanda, in: Giurisprudenza di merito (Giur. mer.) 2011, 2705–2720.

Busnelli (2011): *Francesco Donato Busnelli*, La liquidazione del danno alla persona nella r.c.a. tra legge, giurisprudenza e tabelle valutative, in: Assicurazioni 2011, 587–609.

Commentario Consolo c.p.c. (2010): *Claudio Consolo* u. a. (Hrsg.), Codice di procedura civile commentato, Bd. 1–3 (Milano 2010).

D'Angelo (2006): *Angela D'Angelo*, Il risarcimento dei danni come sanzione? Alcune riflessioni sul nuovo art. 709 *ter* cod. proc. civ., in: Familia 2006, 1031–1051.

Ebert (2004): *Ina Ebert*, Pönale Elemente im deutschen Privatrecht (Tübingen 2004).

Esser/Schmidt (2000): *Josef Esser / Eike Schmidt*, Schuldrecht, Bd. 1, Teilbd. 2 (8. Aufl. Heidelberg 2000).

Flesch (1876): *Flesch*, Die rechtliche Natur der Busse des Reichsstrafgesetzbuches, in: Gerichtssaal 1876, 278–301.

Gozzi (2006): *Caterina Gozzi*, Der Anspruch iure proprio auf Ersatz des Nichtvermögensschadens wegen der Tötung eines nahen Angehörigen in Deutschland und Italien (Göttingen 2006).

Graf zu Dohna (1902): *Alexander Graf zu Dohna*, Die Stellung der Busse im reichsrechtlichen System des Immaterialgüterschutzes (Berlin 1902).

Hirsch (1969): Hans Joachim Hirsch, *Zur Abgrenzung von Strafrecht und Zivilrecht*. Festschrift für Karl Engisch zum 70. Geburtstag (Frankfurt am Main 1969) 304–327.

Jhering (1867): *Rudolf von Jhering*, Das Schuldmoment im Römischen Privatrecht (Giessen 1867).

Kern (1991): *Bernd-Rüdiger Kern*, Die Genugtuungsfunktion des Schmerzensgeldes – ein pönales Element im Schadensrecht?, in: Archiv für die civilistische Praxis (AcP) 191 (1991) 247–272.

Larenz (1987): *Karl Larenz*, Lehrbuch des Schuldsrechts, Bd. 1 (14. Aufl. München 1987).

La Rosa (2008): *Elena La Rosa*, Il nuovo apparato rimediale introdotto dall'art. 709-*ter* c.p.c. I danni punitivi approdano in famiglia? In: Famiglia e diritto (Fam. e Dir.) 2008, 64–74.

Lübtow (1971): *Ulrich von Lübtow*, Untersuchungen zur *Lex Aquilia de damno iniuria datum*, (Berlin 1971).

Lupano (2011): *Matteo Lupano*, La „nuova" responsabilità aggravata, in: Giurisprudenza italiana (Giur. it.) 2011, 234–237.

Müller (2000): *Peter Müller*, *Punitive Damages* und deutsches Schadensersatzrecht (Berlin 2000).

Münchener Kommentar BGB (2010): *Franz Jürgen Säcker* u. a. (Hrsg.), Münchener Kommentar zum Bürgerlichen Gesetzbuch, Bd. 10: Internationales Privatrecht (5. Aufl. München 2010).

Münchener Kommentar BGB (2012): *Franz Jürgen Säcker* u. a. (Hrsg.), Münchener Kommentar zum Bürgerlichen Gesetzbuch, Bd. 2: Schuldrecht. Algemeiner Teil (6. Aufl. München 2012).

Piekenbrock (2006): *Andreas Piekenbrock*, Befristung, Verjährung, Verschweigung und Verwirkung (Tübingen 2006).

Rüping (1973): *Hinrich Rüping*, Geldstrafe und Busse. Zur Entwicklung der öffentlichen Strafe, in: Zeitschrift für die gesamte Strafrechtswissenschaft (ZStW) 83 (1973) 672–695.

Salvaneschi (2006): *Laura Salvaneschi* u. a. (Hrsg.), I procedimenti di separazione e divorzio (Milano 2006).

Savigny (1841): *Friedrich Carl von Savigny*, System des heutigen Römischen Rechts, Bd. 5 (Berlin 1841).

Staudinger BGB (2005): *Julius von Staudinger* (Begr.), Kommentar zum Bürgerlichen Gesetzbuch, Buch 2: Recht der Schudlverhältnisse (Neubearbeitung München 2005).

Stürner (1999): *Rolf Stürner*, Der Strafschaden im deutschen Medienpersönlichkeitsrecht. Festschrift für Bernhard Großfeld zum 65. Geburtstag (Heidelberg 1999) 1201–1218.

Viola (2010): *Luigi Viola*, I danni punitivi nella responsabilità civile della p.a. dopo il nuovo codice del processo amministrativo, in: La responsabilità civile (Resp. civ.) 2010, 806–813.

von Bar (1998): *Christian von Bar*, Gemeineuropäisches Deliktsrecht, Bd. 1 (München 1998).

von Gierke (2010): *Otto von Gierke*, Deutsche Privatrecht, Bd. 3: Schuldrecht (Nachdruck 1. Aufl. 1917, Leipzig 2010).

von Wächter (1874): *Carl Georg von Wächter*, Die Busse bei Beleidigungen und Körperverletzungen nach dem heutigen gemeinen Recht (Leipzig 1874).

Zingales (2009): *Ignazio Zingales*, Misure sanzionatorie e processo civile: osservazioni a margine dell'art. 709 ter c.p.c., in: Il diritto di famiglia e delle persone 2009, 404–430.

Álvaro Pérez-Ragone

Moderner Schuldturm und Insolvenz natürlicher Personen: Von der Inhaftierung, Infamie und Schuldknechtschaft bis zu Privatkonkurs und Restschuldbefreiung

Abstracts

The development of insolvency was a long historical process over several centuries. The modern residual debt and private bankruptcy match the development of insolvency law for individuals. The history of the development of personal execution to property execution leads to a return of the earlier instituition of debtors' prison in the 21st Century. Work nowadays offers debtors a second chance to cope with debt as it played already an important role in Rome and in some medieval and modern age cultures (debt bondage).

Lo sviluppo dell'insolvenza è stato un lungo processo storico di diversi secoli. Il debito residuo moderno e il fallimento privato corrispondono allo sviluppo del diritto fallimentare per gli individui. La storia dello sviluppo dall'esecuzione personale all'esecuzione patrimoniale risulta in un „carcere dei debitori del XXI secolo". Adesso il lavoro offre al debitore una seconda possibilità di confrontare il debito e ha svolto già un ruolo importante a Roma e in alcune culture medievali (servitù per debiti) e moderne.

1. Einleitung

1. Die „Konkursordung" galt in Deutschland vom 01.10.1879 bis zum 31.12.1999; danach trat die Insolvenzordnung in Kraft und gilt bis heute. Einerseits bedeutet *concurrere* „zusammentreffen, zusammenlaufen" und bezieht sich auf das Zusammenlaufen der Gläubiger, damit diese ihre Forderungen gegen den Schuldner gemeinschaftlich befriedigen können. Anderseits leitet sich der Begriff der *Insolvenz* vom lateinischen Verb *„solvere"* – zahlen – ab, weshalb es auf den ersten Blick konsequent erscheint, ein entsprechendes Verfahren nur einzuleiten, wenn der Schuldner auch tatsächlich *insolvent* ist, d. h. nicht mehr zahlen kann. Den unterschiedlichen Bezeichnungen sollte aber nicht zu viel Bedeutung beigemessen werden, denn schon das zuvor geltende Insolvenzrecht war in ein Konkurs- und ein Vergleichsverfahren unterteilt, und man sprach eben auch damals schon

von *Insolvenz*[1]. Bei der Zahlungsunfähigkeit und Überschuldung als Gründen für die Insolvenzeröffnung war und ist deren Bedeutung und genaue Bestimmung nicht abschließend geklärt[2]. Beim Phänomen der Schuldnerkrise (Zahlungsunfähigkeit und Überschuldung) verfügt der insolvente Schuldner nicht über ein ausreichendes Vermögen (Universalität), um seine Verpflichtungen zu decken. Die Universaldurchführung wird der Einzelvollstreckung gegenübergestellt; dadurch soll sowohl wirtschaftlich als auch rechtlich ein Ausgleich zwischen der Befriedigung des Gläubigers und dem Schuldnersinteresse erreicht werden[3]. Wie wird das Risiko der Zahlungsunfähigkeit eines gemeinsamen Schuldners verteilt? In allgemeinen bestehen folgende Möglichkeiten, die Zahlungsunfähigkeit verfahrensrechtlich zu kanalisieren: (i) die eine unter der maßgeblichen Leitung der Gläubiger mit einer verringerten Intervention des Gerichtes; (ii) die andere mit der Hauptleitung des Gerichts und der Möglichkeit sowohl für die Gläubiger als auch für den Schuldner, das Insolvenzverfahren zu betreiben[4]. Beide Möglichkeiten benötigen und verfügen mehr oder weniger über einen Rahmen für folgende Aufgaben: Korrekte Vermögensinformation zu beschaffen, Täuschung und möglichen Betrug zu vermeiden, die Möglichkeit sowohl für natürliche Personen als auch für Unternehmen, entweder ihr Vermögen zu verwerten oder eine Restschuldbefreiung bzw. Sanierung anzubieten[5]. Unter Insolvenz ist die Zahlungsunfähigkeit einer natürlichen oder juristischen Person zu verstehen. In einem Insolvenzverfahren sollten alle Gläubiger des insolventen Schuldners gemeinschaftlich und gleichmäßig befriedigt werden können[6]. Um Gleichheit und Interessensausgleich unter den Gläubigern herzustellen, muss zunächst verhindert werden, dass einzelne Gläubiger voll und andere Gläubiger gar nicht befriedigt werden. Zweitens ist für den Schuldner eine Befreiung von seinen restlichen Verbindlichkeiten vorzusehen, um ihm einen wirtschaftlichen Neuanfang zu ermöglichen[7].

2. Das Römische Recht verfügte daneben noch über eine Vielzahl von anorganischen und unsystematischen Verfahren zur Regulierung von Konkurrenz oder Konflikten unter den Gläubigern gegenüber einem Schuldner in

---

1 Kohler (1891) 1–4; vgl. Bayer (1868) 3–8.
2 Schäfer (2012) 261–271.
3 Bethmann-Hollweg (1865) 316–320.
4 Tabb (1995) 5–10.
5 Martin (2005) 1–77.
6 Lepa (2002) 22–31.
7 Ziegel (2006) 299, 304; Tabb (2005) 763–782.

der wirtschaftlichen Krise (Zahlungsunfähigkeit, Überschuldung, Zahlungsverzögerung)[8]. Der Gläubiger konnte sich sowohl eines Zugriffs auf den Körper als auch auf das Vermögen seines Schuldners zur Durchsetzung seiner Rechte bedienen[9]. Rechtsgeschichtlich gingen die Maßnahmen von einer bloßen Inhaftnahme zur Vermögensübernahme und über die Schuldknechtschaft bis zur Versklavung. Die Behandlung des zahlungsunfähigen Schuldners im späten Mittelalter und dem Beginn der Neuzeit folgte in Europa bestimmten allen Rechtsordnungen gemeinsamen Modellen und Regeln: Vermögenübertragung auf die Gläubiger, Schuldknechtschaft oder Schuldnerinhaftierung beim Gläubiger oder Inhaftierung in einer als Gefängnis dienenden öffentlichen Stelle (Schuldturm), daneben konnten die Familienmitglieder oder die Freunde gezwungen werden, den Schuldner finanziell zu unterstützen und damit einen faktischen negativen Ruf (Schande, Infamie für den Schuldner) zu begründen, was sowohl als Strafe galt als auch als präventives Signal für künftige Vertragspartner einer zahlungsunfähigen oder überschuldeten Person[10]. Dieser erste große Schritt, der in die Zeit der prosperierenden italienischen Handelsstädte fiel, war insgesamt jedoch nur eine Etappe vom Erbe des römischen Rechts zur Entstehung der Insolvenzgesetze nach der Methode und dem System von Salgado de Somoza im siebzehnten Jahrhundert[11]. Die rechtshistorischen Wurzeln des Insolvenzrechts, insbesondere desjenigen des römisch-kanonisch-germanischen Prozesses in Mittelalter, sind in Bezug auf Behandlung, Rechts- und Wirtschaftsfolge des Schuldners den heutigen Verfahren für zahlungsunfähige natürliche Personen (*personal insolvency*, Verbraucherinsolvenzrecht, Restschuldbefreiung, *faillite civile*)[12] erstaunlich ähnlich. Einige dieser Formen können bereits als Schuldknechtschaft angesehen werden, wie sie seit der Moderne bestand. Primär war der Gläubiger dabei auf die persönliche Haftung (Vermögen) des Schuldners beschränkt[13]. Ab der frühen Neuzeit erfolgte in der Geschichte der Schuldknechtschaft dann ein Übergang von der privaten zu öffentlichen Schuldhaft im Schuldturm. Diese blieb lange Zeit Haupterscheinung der Personalvollstreckung, bis sie Ende des 19. Jahrhunderts in den meisten europäischen Ländern abgeschafft wurde[14].

---

8 Levinthal (1918) 223–229.

9 Wenger (1925) 220–230.

10 Spann (2004) 55–57; vgl. aber mit einer aktuellen Betrachtung des überschuldeten Verbrauchers und seiner Stigmatisierung Frade (2012) 45–57.

11 Forster (2009) 295 ff.

12 Spooner (2012) 243 ff., 298; Jacobi (2012) 123; Pape (2012) 150.

13 Treiman(1938) 189–215.

14 Finley (1965) 159–184; vgl. Cohen (1982) 153, 157.

3. Die Restschuldbefreiung spielt im heutigen Verbraucherinsolvenzrecht eine wichtige Rolle. Diese besteht zunächst in einer Vereinbarung zwischen Schuldner und Gläubigern, die die gesamte Schuld umstrukturiert (Stundung und Restschuldbefreiung)[15]. Diese Vereinbarung wird dann von einer Verwaltungs- bzw. Gerichtsstelle überprüft und genehmigt. Schließlich werden für eine gewisse Zeit Teile des Einkommens des Schuldners (Mindestensquote) den Gläubigern zur Begleichung der Verpflichtung zur Verfügung gestellt, unter Berücksichtigung eines Minimums, das dem Schulder ein menschenwürdiges Leben sichern soll[16]. So ist die zum Beispiel die deutsche Restschuldbefreiung eine „Art" modifizierte Personalexekution in Bezug auf die Person des Schuldners[17]. Seit 2012 wurde das Insolvenzrecht in Deutschland teilnovelliert. Dies betrifft in erster Linie die Verbesserung der Sanierungsbedingungen eines Unternehmens und die Verbesserung des Verbraucherinsolvenzrechts. Des Weiteren soll das Restschuldbefreiungsverfahren verkürzt werden, die Rechte der Gläubiger sollen gestärkt werden[18]. Mit dieser Reform wurde die bisherige sechsjährige

---

15 Frind (2012) 668 (Teil 2).

16 Kritisch Thole (2011) 765.

17 Gratzer (2008) 5–14.

18 http://www.bmj.de/DE/Buerger/verbraucher/Insolvenzrecht/insolvenzrecht_node.html:
„...soll insolventen Existenzgründern und Verbrauchern schneller als bisher eine zweite Chance ermöglicht werden, wenn sie einen Teil ihrer Schulden sowie die Verfahrenskosten begleichen. Die Gläubiger profitieren ebenfalls von dieser Beschleunigung, weil die Schuldner einen gezielten Anreiz erhalten, möglichst viel zu bezahlen. Darüber hinaus enthält der Gesetzentwurf Regelungen zur Verkürzung und Umgestaltung des Restschuldbefreiungsverfahrens, zur Stärkung der Gläubigerrechte und zur insolvenzrechtlichen Stellung von Mitgliedern von Wohnungsgenossenschaften. Auch sieht der Entwurf die Zulassung des Insolvenzplanverfahrens für Verbraucher zu – eine weitere Möglichkeit, dass sich Schuldner und Gläubiger im Insolvenzverfahren über die Regulierung der Verbindlichkeiten einigen". S. auch Entwurf eines Gesetzes zur Verkürzung des Restschuldbefreiungsverfahrens und zur Stärkung der Gläubigerrechte. Drucksache 17/13535 (BT), 15.5.2013: „Vor dem Hintergrund, dass die Dauer des Restschuldbefreiungsverfahrens seit dessen Einführung im Jahr 1999 umstritten und – isoliert betrachtet – im europäischen Vergleich verhältnismäßig lang ist, sieht der Gesetzentwurf die Möglichkeit vor, Restschuldbefreiungsverfahren vorzeitig bereits nach drei oder fünf Jahren zu beenden, wenn die betroffenen Schuldner innerhalb der genannten Zeiträume eine Mindestbefriedigungsquote erfüllen oder zumindest die Kosten des Verfahrens tragen. Damit sollen auch bislang im Restschuldbefreiungsverfahren fehlende Anreize für Schuldner geschaffen werden, sich in besonderem Maße um eine Befriedigung der bestehenden Forderungen zu bemühen. Zugleich wird das

Wohlverhaltensphase halbiert. Nun erhält der Schuldner seine Restschuldbefreiung bereits nach drei Jahren, wenn er in diesen drei Jahren 35% der zur Insolvenztabelle festgestellten Schulden sowie die Gerichtskosten aufbringen kann[19]. Ein Antrag auf Gewährung von Prozesskostenhilfe kann gestellt werden. Aber diese Kosten sind nicht zu unterschätzen. Das Verbraucherinsolvenzverfahren wird von den Gerichten nicht unentgeltlich bearbeitet, und die entstehenden Kosten für die Beteiligten müssen aus dem bestehenden Vermögen gedeckt werden. Schuldner stehen an dieser Stelle vor einem Problem, da in der Regel aus dem zur Verfügung stehenden Vermögen die Kosten nicht bestritten werden können, was aber gleichzeitig zur Folge hat, dass der Antrag mangels Masse abgewiesen werden müsste. Also sind einerseits die Möglichkeiten zahlreicher geworden, für den Insolvenzschuldner (im Falle einer "Verbraucherinsolvenz") früher eine Restschuldbefreiung zu erhalten; andererseits hängen diese früheren Restschuldbefreiungen davon ab, dass der Insolvenzschuldner Kosten trägt und/oder Teile seiner Schulden tatsächlich begleicht. Das Gesetz ist zum 1. Juli 2014 in Kraft getreten. Bisher musste der Schuldner sechs Jahre lang auf den pfändbaren Teil seines Einkommens verzichten, um schuldenfrei zu werden. Eine möglicherweise unerwünschte, aber mit diesem Verfahren einhergehende Folge ist die Verminderung der Zuverlässigkeit, des guten Rufs und der Zugangsmöglichkeiten des Schuldners zu bestimmten sozialen, kulturellen und wirtschaftlichen Gütern. Diese „Zwangsarbeit" (oder besser der Zwang, einen Teil des Einkommens an die Gläubiger abführen zu müssen) könnte für den Schuldner als eine

---

Restschuldbefreiungsverfahren umgestaltet. Hierdurch werden Schwachstellen im geltenden Recht behoben und der Verkürzung des Rest- schuldbefreiungsverfahrens Rechnung getragen. Insbesondere werden verschiedene Maßnahmen zur Stärkung der Gläubigerrechte vorgeschlagen. Im Verbraucherinsolvenzverfahren soll der außergerichtliche Einigungsversuch gestärkt und statt des gerichtlichen Schuldenbereinigungsplanverfahrens die Möglichkeit eines Insolvenzplanverfahrens eröffnet werden, um die Einigungschancen zwischen Schuldner und Gläubigern zu erhöhen. Unter anderem empfiehlt der Ausschuss, die im Gesetzentwurf vorgesehene Mindestbefriedigungsquote für die Abkürzung der Dauer des Restschuldbefreiungsverfahrens nach § 300 Absatz 1 Satz 2 Nummer 2 InsO-E von 25 auf 35 Prozent zu erhöhen und das gerichtliche Schuldenbereinigungsplanverfahren einschließlich der Zustimmungsersetzung als notwendiges Verhandlungsinstrument neben der Zulassung des Insolvenzplanverfahrens in Verbraucherinsolvenzverfahren beizubehalten. Um den beteiligten Personenkreisen und insbesondere der gerichtlichen Praxis einen ausreichenden Vorlauf zu gewährleisten, wird das Inkrafttreten des Gesetzes im Wesentlichen auf den 1. Juli 2014 festgelegt". S. dazu Pape / Grote (2012) 507.

19 Vgl. kritisch Hirte (2013); Obermüller (2012) 146.

besondere Art Haft in einem virtuellen Schuldturm des 21. Jahrhunderts angesehen werden[20].

4. Hier wird zunächst beschrieben werden, wie das römische Recht die Zahlungsunfähigkeit des Schuldners und die entsprechenden Rechtsfolgen konzipierte (Punkt 2). Danach wird kurz die Entwicklung im Mittelalter (am Beispiel der norditalienischen und deutschen Städte) (Punkt 3) dargestellt werden. Schließlich soll die Insolvenz der natürlichen Person, wie sie sich aktuell aus rechtsvergleichender Perspektive darstellt, mit den oben behandelten historischen Beispielen zusammengeführt werden (Punkt 4). Der Artikel endet mit den Schlussfolgerungen im Fazit (Punkt 5).

2. Das römische Recht und der zahlungsunfähige Schuldner: von der Personal- zur Vermögensexekution

1. Die Geschichte des römischen Rechts erstreckt sich über fast tausend Jahre seit dem Beginn der Republik 510 v. Chr. bis zur Kodifizierung Justinians 528–534 n. Chr. In dieser Zeit sind verschiedene Verfahren der Personal- und Vermögensvollstreckung entwickelt worden, von denen einige der wesentlichen Verfahrensarten als Vorgänger des heutigen Insolvenzverfahrens anzusehen sind. Die Personalexekution kann als die älteste Vollstreckungsverfahrensart angesehen werden. Sie diente dem Gläubiger als Druckmittel gegen seinen Schuldner, den er zur Sklaverei oder zur Schuldknechtschaft zwingen konnte[21]. Der entsprechende Prozess wurde bereits in den zwölf Tafeln (451 v. Chr.) dargestellt, er war dominiert von einem starken Sanktionscharakter: falls der Schuldner innerhalb von 30 Tagen – von ihm selbst anerkannt oder festgelegt durch Urteil – die Geldforderung nicht bezahlt, haben die Gläubiger das Recht, ihn in Gewahrsam zu nehmen: *manus iniectio*[22].

2.1 Die verschiedenen Vollstreckungsverfahren

2. Während dieser dreißigtägigen Übergangszeit konnte der unglückliche Schuldner auf dem öffentlichen Markt oder vor dem Prätor, oder beiden, bei verschiedenen Gelegenheiten seine Freunde, seine Familie oder andere Menschen um finanzielle Hilfe bitten. Falls nach weiteren 60 Tagen und wiederholten

---

20 Laroche u. a. (2012) 558; Stephan (2012) 85.

21 Mitteis (1901) 96 ff.; Kroppenberg (2001) 10–15 behandelt die Insolvenz zu Recht „als Unsicherheitsfaktor“ (10).

22 Behrends (1974) 35–67; vgl. Klinck (2004) 45–75.

Erklärungen des Schuldners vor dem Prätor keine Zahlung geleistet war, konnte der Schuldner als Sklave verkauft oder hingerichtet werden. Die übriggebliebenen Körperteile waren an die Gläubiger zu verteilen[23]. Zu diesem Zeitpunkt bestand offenbar keine Befreiungsmöglichkeit. Erst nach einem Zeitraum von mehreren Jahren konnte der zahlungsunfähige Schuldner unter der Führung seines Gläubigers (*addictio debitoris*) noch einmal neu verhandeln. Der *addictus* hatte keinen Slavenstatus, er war ein freier Mensch und konnte mit dem Gläubiger eine Übereinkunft treffen, durch die er zu einem bestimmten Zeitpunkt befreit würde[24]. Diese Rechte der Gläubiger wurden im Jahre 313 v. Chr. von der *lex Poetelia* abgeschafft. Seitdem galt stattdessen die Schuldknechtschaft als Recht des Gläubigers. Er konnte also den Schuldner für sich arbeiten und sich so die Verbindlichkeiten begleichen lassen. Es ist unklar, ob die Schuldknechtschaft nach einer gewissen Zeit ebenfalls abgeschafft wurde, oder ob sie nur de facto nicht mehr galt. Mit der Zeit wurde sie jedenfalls teilweise durch die Vermögensvollstreckung ersetzt[25].

a) Während der Zeit der Republik entwickelte sich neben der vom Gericht angeordneten *manus iniectio* eine Art freiwillige Hypothek des Schuldners in seiner eigenen Person oder der eines Garanten, das sogenannte *nexum*[26]. Dadurch wurde dem Gläubiger erlaubt, bis hin zur Versklavung über den Körper des Schuldners zu verfügen: Er erhielt die Möglichkeit, den Schuldner (als „Sache“) durch Austausch, Verkauf oder andere Weise zu verwerten[27]. Der *nexum*-Vertrag war von einer aufwendigen Zeremonie begleitet, die das Wiegen von Rohstoffen, u. a. von Kupfer, im Beisein von fünf Zeugen umfasste. Diese war jedoch nicht zwingend für die Gültigkeit des Vertrags, sondern nur eine Veröffentlichungsform[28]. Der Ursprung der *actio* lag allein im Vertrag und hatte offenbar weniger von den strafrechtlichen Aspekten eines gerichtlichen Verfahrens: Gläubiger und Schuldner (*addictus)* in Knechtschaft konnten nach einem begrenzten Zeitraum miteinander verhandeln[29]. Solche Verfahren wurden allerdings mit der Zeit nicht mehr toleriert: eine aufgebrachte Menschenmenge marschierte zum Forum Romanum, um von der Kurie zu verlangen, dass der Senat das Gesetz ändere. Durch das Gesetz *Poetelia Papiria* wurde schließlich das *nexum* durch

23 Kroppenberg (2001) 252–254.
24 Solazzi (1920) 545–580.
25 Breßler (2004) 166–170.
26 Rodríguez Otero (2003) 1619–1692.
27 Wagner (1974) 12–34; Nicosia (1998) 637–668.
28 Kroppenberg (2001) 259–265.
29 Solazzi (1920) 550 f.

einen Dienstbarkeitsvertrag (eigentlich Schuldknechtschaft) als Sicherheit für Schulden in Verzug ersetzt, sofern danach nur das Vermögen des Schuldners als Sicherheit für die Schulden verpfändet werden konnte[30].

b) Ab etwa dem zweiten Jahrhundert v. Chr. entwickelte sich ein Verfahren, das eine gewisse Ähnlichkeit mit dem heutigen unfreiwilligen Insolvenzverfahren aufweist. Es bestand für den Schuldner nicht mehr die Voraussetzung einer aktuellen Zahlungsunfähigkeit, sondern es sollte nun ausreichen, dass die Schulden fällig sind[31]. Damit konnten die Gläubiger beim Magistrat die Verwertung des gemeinsamen Schuldnersvermögens durch die *venditio bonorum* beantragen. Diese wurde mit Edikt des Praetors veröffentlicht und angeordnet, damit der *curator bonorum* als Treuhänder ernannt werden konnte[32]. Der direkte Zugriff auf das Vermögen des Schuldners wurde später entwickelt. Die konkrete Umsetzung ist durch eine praetorianische Regelung in einem Dekret festgelegt. Der Prozess beginnt mit dem Antrag eines Gläubigers vor dem Prätor oder Gouverneur, der ein Dekret für zulässig erklärt und gleizeitig die Beschlagnahme des Vermögens des Schuldners anordnet. Ein sofortiger Zugriff auf das Vermögen des Schuldners konnte mit einer Sicherungsmaßnahme des Prätors zur Vermögensverwaltung angeordnet werden. Obwohl die Durchführung der Vermögensverwaltung (*missio in possessionem*) oder -verwertung (*missio in bona*) nur den Vollstreckungsgläubiger betraf, war diese zum Vorteil und Nutzen aller Gläubiger[33]. Die genaue Bestimmung, welche Gläubiger berechtigt sind, wird durch die *proscriptio* bekanntgegeben. Die Gläubiger verpflichten sich anschließend, einen *bonorum magister* zu benennen, der die *venditio bonorum*, d.h. die Verwertung und Übergabe des Vermögens (in seiner Gesamtheit) durchführen soll[34]. Der Erwerber (*bonorum emptor)* ist Vollnachfolger des Schuldners und muss als Gegenleistung für den Erwerb den Gläubigern sein Vermögen zu Verfügung stellen[35]. Wie dieses unter den Gläubiger zu verteilen ist, hängt von der Vereinbarung zwischen den Gläubigern ab, grundsätzlich greift die Regel *par condicio omnium creditorum quota parte*. Die Privilegien und Vorränge einiger Gläubiger sind aber vor allem bei der Bestimmung der jeweiligen Ausschüttungsquote zu beachten. Wenn das Vermögen des Schuldners sich in mehreren Provinzen

30 Mac Cormack (1967) 350–354.
31 Peppe (1981) 23–35.
32 Triandafil (1914) 25–56.
33 Weiss (1980) 2054–2057.
34 Purpura (2006) 1–13.
35 Vgl. Klinck (2004) 45 ff.

befand, konnten mehrere Kuratoren ernannt werden[36]. Nach einem Zeitraum von mindestens dreißig Tagen wurde dann das Vermögen des Schuldners vom *magister curator* an den Meistbietenden übertragen. Der Schuldner blieb, falls sein Vermögen für die Schuldendeckung nicht ausreichte, für die Fehlquoten verantwortlich; er wurde also nur insoweit vollständig von seinen bestehenden Verbindlichkeiten befreit, als er diese bezahlen konnte.

Das Verfahren der *venditio bonorum* war insgesamt ein bedeutender Durchbruch bei der Personalsvollstreckung[37]. Es sorgte nicht nur für eine bessere Befriedigung der Gläubiger, sondern war auch sinnvoller und humaner, insbesondere wegen der rechtlichen und ethischen Beachtung der Schuldnerbelange. Allerdings hatte das Verfahren den Nachteil, dass der Schuldner vor der *venditio* Ehre und guten Ruf verlor (sog. Infamie) und den Gläubigern für seine verbleibenden Schulden zur Knechtschaft verpflichtet war[38]. Die Infamie brachte dem Schuldner einen faktischen Ausschluss der Finanzierungshilfe durch Kreditaufnahme, zudem eine erhebliche Stigmatisierung mit dem Makel der Schande, vergleichbar der *capitis deminutio*[39]. Die nächste Entwicklungsstufe der römischen Schuldengesetzgebung war bis zum Tod von Gaius Iulius Caesar im Jahr 44 v. Chr. geprägt von sozialen Unruhen, politischer Instabilität und Bürgerkrieg. Welches war die Verbindung zwischen Schuld, Aristokratie, Infamie und den bekannten Gerichtsverfahren? Zu einem besseren Verständnis seien drei Merkmale der römischen Gesellschaft dieser Zeit genannt: das Konzept der Schande, die hohen Kosten für die Aufrechterhaltung des öffentlichen Ansehens auf der sozialen und ökonomischen Ebene und die Zugangsvoraussetzungen zu öffentlichen Ämtern und der *cursus honorum* der römischen Eliten[40].

c) Zu Beginn der Kaiserzeit wurde ein neues Vollstreckungsvehrfahren konzipiert: die *cessio bonorum*. Die *lex Iulia de bonis cedendis* ist als Vorgängerin der meisten unserer modernen Insolvenzrechtsordnungen anzusehen. Es ist nicht sicher, ob diese Schuldenreform kurz vor oder kurz nach der Ermordung Caesars stattfand[41]. Im Gegensatz zu anderen Verfahren geht dieses aus einer freiwilligen Entscheidung des Schuldners hervor. Darüber hinaus war der Schuldner in seiner Ehre geschützt, weil die *cessio bonorum* die Infamie vermeiden sollte. Folglich war die *cessio bonorum* eine historische Veränderung in der Beziehung zwischen

36 D'Amati (1991–1992) 440–448.

37 Carrelli (1944) 302–316.

38 Giuffrè (1993) 317–364.

39 Kaser (1956) 220 ff.; Greenidge (1894) 15–25.

40 Ioannatou (2006), Bd. I, 50–75, Bd. II, 260 ff.; Ducos (1979) 145–165.

41 Longo (1963) 810; Frederiksen (1966) 1966, 128–141.

Schuldnern und Gläubigern und eine frühe Anerkennung von Schuldnerrechten. Durch sie war der Schuldner dazu aufgefordert, seine Vermögenswerte freiwillig auf den Gläubiger zu übertragen. Daraus ergibt sich die Befreiung des Schuldners ohne Schande und Ehrverletzung. Das Verfahren gleicht ansonsten im Wesentlichen der *vendictio*. Die Anwendung der *cessio bonorum* war jedoch von Anfang an beschränkt und geriet im Laufe der Zeit völlig in Vergessenheit[42].

3. Ein weiterer Schritt in der Entwicklung des römischen Insolvenzrechts war die Einführung der *distractio bonorum*, bei der sich die Vollstreckung auf einzelne Vermögensgegenstände des Schuldners richtete[43]. Dieses Verfahren wurde ursprünglich nur in Ausnahmefällen durchgeführt, in denen Einzelpersonen besonderen Schutz und besondere Vorteile genießen sollten: u. a. bei kleinen Erben des Schuldners und Mitgliedern der Senatsaristokratie. In anderen Fällen konnte die *distractio* wahrscheinlich durch eine entsprechende Vereinbarung der Gläubiger angewendet werden[44]. Mit der *distractio* war weder Knechtschaft noch Schande verbunden. An die Stelle des *magister* tritt der Prätor selbst als Kurator; er ist verantwortlich für die Wiederherstellung der betroffenen Vermögensteile. Wie in modernen Konkursverfahren war eine Voraussetzung für die *distractio bonorum* die Erleichterung des Nachweises, dass der Schuldner in gutem Glauben ist, das heißt, das Verfahren nicht betrügerisch betreibt. Dagegen konnte das Verfahren der *distractio bonorum* vollständig verweigert werden, wenn ein Vorliegen von Betrug in einem Eilverfahren durch den Magistrat erkannt wurde[45].

2.2 Die Rolle des guten Rufs (existimatio) von der Römerzeit bis zum Ius Commune: dignitas und infamia.

4. Der zahlungsunfähige Schuldner wurde schon im Römischen Recht und auch später im *Ius Commune* sowohl nach strafrechtlichen als auch nach zivilrechtlichen Bestimmungen behandelt. Die Insolvenz wurde nämlich dem Diebstahl gleichgestellt. Ein Grund dafür war, dass in Europa im *Ius Commune* die römische Vorstellung vom *fallitus, ergo fraudator* (insolventer Schuldner als Betrüger) zur Anwendung kam. Daher wurden Stolz, mangelnde Ehrlichkeit und eine übertriebene Neigung zur Spekulation oft als Voraussetzungen der Insolvenz angesehen[46]. Schuldner wurden durch das Rechtssystem einer harten Behandlung

42 Soza (2008) 147–149.
43 Spann (2004) 41–43.
44 Wlassak (1899) 1995–2000; Woeß (1922) 485–529.
45 Giuffrè (1972) 173–191.
46 Ioannatou (2001) 1201–1221.

unterzogen. Auch für „ehrliche" Schuldner gab es in diesem Zusammenhang seltsame und demütigende Zeremonien. Die folgende Aussage von Baldus kann als geeignetes Motto für die meisten italienischen Insolvenzrechte gelten: *fallitus, ergo fraudator*. Es ist nicht klar, in welchem Punkt dieses harte Urteil eine empirische Berechtigung hatte, es ist aber offensichtlich, dass ein Vorliegen von Betrug (*fraus*) im Falle der Insolvenz immer vermutet wurde. Die weitere Aussage lautete daher: *falliti sunt infames*[47]. Die eigentlichen Anfänge der Infamie sind im kanonischen Recht zu suchen und stehen in engem Zusammenhang mit den allgemeinen Irregularitäten des Römischen Rechts (zur Zeit der Republik) und sind nur in diesem Rahmen zu verstehen. Die Infamie war das Gegenteil der *dignitas*, die als Eigenschaft eines jeden guten Römers galt. Diese war ein komplexes Gemisch aus guter Herkunft, Reichtum, staatsbürgerlichem Beitrag zum Gemeinwesen und individuellem Verdienst[48]. Die „*fama*" war kein juristischer Begriff; die römische Infamie hingegen basierte auf einem rein juristischen Begriff: der *existimatio* (Ruf).[49] Öffentliche Ämter waren nominell unbezahlt, der Zugang zu ihnen setzte jedoch eine Laufbahn im *cursus honorum* voraus, deren wichtigster Bestandteil die *dignitas* war. Ohne diese war ein Zugang zu Ämtern (insbesondere höheren) unmöglich. Zu diesen gehörte das Amt des Quästors, des Bürgermeisters, des Präfekten der Prätoren und Tribune, ebenso wie die Mitgliedschaft im Senat. Das Erreichen und Innehaben eines Amtes war aber nicht nur direkt an die *existimatio* eines Bürgers und an und seine Lebensführung (Ehrlichkeit,

---

47 Whitman (1996) 1841, 1871: „To European authors everywhere in the seventeenth century, the declaration of bankruptcy was the single most scandalous phenomenon of commercial society ... all of whom regarded the declaration of bankruptcy as a ghastly evil... a German pamphleteer of 1619 describing the reaction in the community of a bankruptcy filing as follows: 'Once word of this makes the rounds and becomes known, the average man bursts out with imprudent, violent and angry words. He storms, curses, blasphemes, says scandalous and contemptuous things about debtors, denouncing them as rogues, thieves and men without honor ..."

48 Forster (2009) 3–17; vgl. Yavetz (1974) 35–65.

49 Löbmann (1956) 134: „Beide Begriffe sind in ihrer Struktur wesentlich verschieden. Bei der Rezeption der römischen Infamie hat das kanonische Recht seinen Fama-infamia-Begriff als Grundlage beibehalten und versucht, ihm den Begriff der existimatio einzugliedern. Damit erfuhr der Begriffsinhalt des defectus famae eine kleine Veränderung: War bisher der defectus famae eine Irregularität sine culpa, so wurde jetzt daraus eine Irregularität ex culpa, die Infamie bestand jetzt im Verlust des guten Rufes auf Grund einer sittlichen Schuld, in der Regel eines crimen manifestum. Die infamia criminalis gab ihre Stellung an den defectus famae ab, Infamie im eigentlichen Sinne wurde jetzt der defectus famae"

Glauben) gebunden, sondern auch an seinen Reichtum. Um sich für den Senat qualifizieren zu können, musste ein Mann über eine Summe von mindestens von 400.000 Sesterzen verfügen. Er konnte von der Senatswahl ausgeschlossen werden (Zensur), wenn sein Vermögen verpfändet wurde[50]. So war es nicht ungewöhnlich, dass römische Aristokraten sich gegenseitig erhebliche Summen liehen oder von professionellen Kreditgebern finanzielle Unterstützung erhielten. Damit wurden Spiele (im Zirkus) und andere populistische Maßnahmen finanziert. Es war ebenfalls keine Seltenheit, Bestechungsgelder zu zahlen oder sogar ein Verhältnis mit einem ehrgeizigen und einflussreichen Römer einzugehen. In den letzten Jahrzehnten der Republik war eine politische Karriere extrem teuer. Die Schulden selbst jedoch wurden nicht als moralisch verwerflich angesehen[51]. Ehrgeizige Aristokraten bemühten sich beständig um Mittel, mit denen sie eine Refinanzierung oder einen Zahlungsaufschub erreichen konnten[52].

5. Diese Irregularitäten hatten den Sinn, Männer, die aus irgendeinem Grunde als nicht geeignet erschienen, von den Ämtern auszuschließen. Dazu ist zu bemerken, dass diese Irregularitäten keine strafrechtlichen Einrichtungen waren. Sie waren einfach Hindernisse, um Ungeeignete fernzuhalten: Ungeeignetheit als Defekt mit oder ohne Schuld. Daraus erklärt sich, dass die Infamie anfangs noch keinen strafrechtlichen Charakter hatte, anders als später im Mittelalter und der frühen Neuzeit[53]. Eine *infamia criminalis* konnte aus jeder (geheimen oder bekannten) Tatsache herrühren. Ein *defectus famae* dagegen sollte an die Öffentlichkeit gelangen. „Beide verhalten sich wie Ursache und Wirkung: Die *infamia criminalis* ist die Ursache für den *defectus famae*, und der *defectus famae* ist die Wirkung der *infamia criminalis*, oder wie die damaligen Quellen sagen, der *defectus famae*

50 Di Salvo (1979) 205.

51 Vgl. Wacke (1978) 439–452. In der Tat war die Erweiterung oder die Refinanzierung von einem Freund und Edlen üblich. Ciceros Briefe sind voller Anspielungen auf ihre Schulden, ihre Partner und ihre laufenden Bemühungen, Vermögenswerte zu verwerten. Nun konnte er entweder ihre Verpflichtungen erfüllen oder eine Schuld für andere durch Finanzierung ersetzen. Eine detallierte Beschreibung wird in den folgenden Unteruchungen geliefert, s. dazu Ioannatou (2006) 260–295; vgl. Purpura (2006) 2–10.

52 Frederiksen (1966) 127–130. Ein gutes Beispiel ist Julius Caesar. Caesar hat von anderen Adligen viel geliehen, vor allem von Marcus Crassus Lucinius, um Spiele zu finanzieren. Später wurde Caesar ein Bestechungsgeld von seinen politischen Rivalen angeboten. Es wurde in Form einer Zahlung angeboten, um seine Schulden für das Amt des *Pontifex Maximus* gegen seine Kandidatur auszutauschen. Aber Caesar konnte anderswo leihen und wurde im Jahr 62 v. Chr. ebenfalls gewählt.

53 Löbmann (1956) 11–14.

ist die ‚Narbe', die von dem begangenen Verbrechen zurückbleibt. Insofern schloß die *infamia criminalis* den *defectus famae* ein, und beide bildeten einen einzigen Infamiebegriff, der aber aus zwei Arten bestand, die voneinander trennbar waren und sich in ihrem Begriffsinhalt unterschieden."[54]

3. Norditalienische und deutsche Städte in Mittelalter und Neuzeit

1. Nach dem Fall des Weströmischen Reiches (476) geriet Roms hoch entwickeltes politisches System, so wie das römische Recht überhaupt, vorläufig in Vergessenheit. Die Formen der frühmittelalterlichen Vollstreckung sind schwierig zu systematisieren. Im Reich der Franken wendete jedenfalls jeder Stamm sein eigenes Recht an, wobei römisches Recht dann noch zur Anwendung kam, wenn es um die Bevölkerung der Provinzen ging. Nach der Aufteilung des Reichs unter die Söhne Karls des Großen in Verdun (843) gab es lange Zeit keine wesentlichen Veränderungen. Gegen den zahlungsunfähigen Schuldner konnten Sicherungs- und Vollstreckungsmaßnahmen geltend gemacht werden, aber die Beschlagnahme des Eigentums war ausschließlich zum Nutzen des Gläubigers erlaubt. Im zwölfte Jahrhundert kam es in Europa zu einer wirtschaftlichen, sozialen und spirituellen Blüte. Insbesondere die wachsende Rolle der Städte und der Fernhandel in dieser Zeit waren von Einfluss auf das Konkursrecht, da die praktischen Bedürfnisse eines internationalen Handelsverkehrs Berücksichtigung finden mussten[55].

3.1 Das norditalienische Insolvenzverfahren und seine Ausstrahlung

2. Seit dem 13. Jahrhundert übte das römische Recht der Schuldverhältnisse und der Insolvenz starken Einfluss auf die jeweiligen Rechtsordnungen in ganz Europa aus[56]. Auch die Behandlung von Menschen in Schuldknechtschaft wurde davon beeinflusst. Nur ein Schuldner, der nachweisen konnte, dass er durch Zufall zahlungsunfähig geworden war, konnte der Haft entgehen. Die Strafe für betrügerische Schuldner variierte jeweils zwischen den Städten und hing von den Umständen des Verbrechens ab. In vielen Städten wurde die freiwillige Übertragung des Vermögens auf den Gläubiger (*cessio bonorum*) vollständig ausgeschlossen. Die Anwendung von Strafrecht und die moralische Stigmatisierung des Schuldners waren Bestandteile eines Konkursverfahrens, das als

54 Löbmann (1956) 15.
55 Santarelli (1964) 25 ff.; Foster (2009) 6–11.
56 Taeuber (1933) 20–38; Strätz (1974) 25–33.

Voraussetzung für den wirtschaftlichen Aufschwung im mittelalterlichen Norditalien angesehen werden kann[57]. Für Mitglieder der Händlernetzwerke und -vereinigungen wurde der Konkurs eines einzelnen Mitglieds zum Nachteil für alle. Der gute Ruf einer Person im internationalen Handel und die Regulierung der Zahlungsunfähigkeit waren grundlegende Elemente des mittelalterlichen und frühneuzeitlichen italienischen Konkursrechts[58]. Der Umgang mit der Zahlungsunfähigkeit zu Ende des Mittelalters und in der frühen Neuzeit erfolgte in den norditalienischen Städten in Anpassung an das römische Recht. Eine Alternative zum Streit durch Insolvenzverfahren war die Geschäftsvereinbarung (Moratorium, Verzug, Refinanzierung) die als Rücktritt seitens der Gläubiger von ihren Ansprüchen anzusehen war; diese Geschäftsvereinbarungen hingen bezüglich Anforderungen, Bedingungen und Konsequenzen von jeweils besonderen lokalen Regelungen ab[59]. Das grundlegende Problem von Geschäftsvereinbarungen war ihre Wirkung gegenüber denjenigen Gläubigern, die nicht an ihnen beteiligt waren oder die bestimmte Privilegien genossen[60].

3. Die Liquidierung und Versteigerung des Schuldnervermögens wurde in einem besonderen ritualisierten Verfahren durchgeführt, das durch das gesamte Mittelalter hindurch bis ins 18. Jahrhundert Gültigkeit bewahrte: Die Verwertung und Versteigerung des Vermögens wurde zum beim Zeitpunkt des Erlöschens einer zu Beginn des Verfahrens angezündeten Kerze gebotenen Höchstpreis bewirkt[61]. Die Vermögensübertragung durch den Schuldner führte jedoch nicht zu einer Freistellung von der persönlichen Haftung. Das heißt, die freiwillige Übertragung des Vermögens auf den Gläubiger konnte zur vollen oder teilweisen Schuldbefreiung führen, je nachdem ob alle Verpflichtungen dadurch abgedeckt werden konnten. Falls nicht, waren die künftigen Kapitalgewinne oder Einkommen, die der Schuldner an seine Gläubiger zu zahlen hatte, zu schätzen. Dem Schuldner musste dabei jedoch ein Minimum zum Lebensunterhalt verbleiben[62]. Jedoch darf in Zusammenhang mit der mittelalterlichen Wirtschaft und Gesellschaft nicht ignoriert werden, dass sogar diese freiwillige Übertragung von Seiten des Schuldners die enorme Bedeutung des guten Namens (Ruf) und der Ehre für den kaufmännischen Verkehr berührte. Der Schuldner war üblicherweise Mitglied eines Händlerzusammenschlusses, in dem alle für den

57 Bonini (1991) 15–32.
58 Santarelli (1964) 56 ff.
59 Cassandro (1938) 15–24; vgl. Forster (2009) 6–11.
60 Manzini (1926) 1093–1135.
61 Forster (2009) 10 ff.
62 Forster (2009) 11–13.

eigenen Ruf und den der anderen einzustehen hatten[63]. Gleichwohl spielte diese theoretische Einschätzung der relativen Vorteile der freiwilligen Übertragung eine Rolle in der Praxis, besonders wo die Entwicklung des Handelsverkehrs fortgeschritten war. Das Verfahren der freiwilligen Abtretung war in den Städten Norditaliens von für den zahlungsunfähigen Schuldner demütigenden Ritualen begleitet (mit verhängnisvollen Konsequenzen)[64]. So sollten zum Beispiel in Florenz Zeichen am Haus des zahlungsunfähigen Schuldners angebracht und sein Beruf, sein Name und andere private Daten der Öffentlichkeit bekannt gemacht werden[65]. In Padua zum Beispiel war es der Hauptplatz der Stadt, wo der Schuldner öffentlich seine Entscheidung bezüglich der Vermögensübergabe erklären sollte[66]. Dies führte zur Entwicklung des Begriffs der Infamie aufgrund von Tatsachen gegenüber einer Infamie aufgrund Gesetzes. Letztlich war es bei der Infamie aufgrund Gesetzes immerhin möglich, sie wieder durch Gerichtsprozess aus der Welt zu schaffen; für eine auf Tatsachen beruhende Infamie hingegen war dies nicht möglich. Der gute Name und die Möglichkeit, auf den Märkten des Mittelalters mit Kredit zu arbeiten, wurde von der Vermögensübertragung stark geschädigt[67]. Die Vermögensübertragung war ursprünglich für den Schuldner schon vor Beginn des Verfahrens mit negativen Folgen verbunden, damit durch den personalen Arrest die gemeinsamen Interessen der Gläubiger gesichert werden konnten[68].

4. Sowohl die Sicherungsmaßnahmen als auch die Vermögensübertragung wurden in Südfrankreich von den italienischen Städten mit ähnlichen sozioökonomischen Folgen übernommen.[69] Das spanische Konkursverfahren bestand in der frühen Moderne aus der Koordination und notwendigen Kombination zwischen Vermögensübertragung und Schuldhaft des zahlungsunfähigen Schuldners, deren Erfordernis gerade die Bereitwilligkeit des Schuldners war, die

63 Manzini (1926) 1100.

64 Santarelli (1964) 56 ff. In Norditalien wurde die Vermögensübertragung und der diesbezügliche Wille des zahlungsunfähigen Schuldners öffentlich bekannt gemacht. Dies war mit einer öffentlichen Bloßstellung des Schuldners verbunden: er sollte sich mit „dem bloßen Hinterteile“ auf einen Stein setzen.

65 Pertile (1966) 385–395. Die örtlichen Gesetzesvorschriften der norditalienischen Städte enthielten Sondervorschriften, um die Zahlungsunfähigkeit und ihre negativen Folgen durch den Vollzug bestimmter Riten öffentlich bekannt zu machen.

66 Gloria (1851) 5–30.

67 Klinck (2011) 13 f.

68 Pace (2004) 15–35.

69 Leveille (1866) 305–332; Burg (1820) 10–22; Lucq (1867) 34; Zambrana (2004) 589–611.

Vermögensübertragung zugunsten seiner Gläubiger zu erklären oder auszudrücken[70]. Faktisch konnte der Schuldner seine Verpflichtungen über einen langen Zeitraum begleichen, soweit dies mit den Gläubigern mit richterlicher Zustimmung vereinbart war und ihm ein Minumun für seinen Lebensunterhalt verblieb. Im Mittelalter hatte dieses Verfahren zwischen Gläubiger und Schuldner eine strategische Bedeutung. Auf diese Weise konnten die Interessen der Gläubiger untereinander gegenüber einem gemeinsamen Schuldner besser geschützt werden. Letztlich bestand die Erklärung der Zahlungsbereitschaft von Seiten des Schuldners gegenüber dem Richter in einer Schulden- und Kreditanerkennung, der genauen Beschreibung des Vermögens und einer Kaution (üblicherweise geleistet von Dritten, meist Freunden oder Familienmitgliedern)[71].

3.2 Das Konkurs- und Insolvenzverfahren in den deutschen Städten

5. Das System der Personalexekution und die Haft des „Schuldners im Gefängnis" blieben über mehrere Jahrhunderte hinweg in Anwendung. Prügelstrafe und Gefängnishaft verschwanden, der Schuldner blieb jedoch noch während des 18. und 19. Jahrhunderts Objekt sozialer Stigmatisierung[72]. Die Entstehung und Ausbreitung von Unternehmen und die Veränderungen des Kreditmarkts waren Faktoren, die langsam zu differenzierteren Vollstreckungsverfahren und Insolvenzbehandlung führten[73]. Das ursprüngliche Ziel des Systems war, Konkurs-Gleichheit unter den Gläubigern herzustellen, d.h. im Bereich der Insolvenz Gewinn und Verlust unter den Gläubigern aufzuteilen[74].

a) Ein entwickeltes Konkursverfahren existierte im deutschen Recht vor Mitte des sechzehnten Jahrhunderts nicht[75]. Manche Schuldner nutzten dies, um dem Schuldturm zu entgehen. Dagegen reagierte der Gesetzgeber mit der Einführung härterer Strafen[76].

b) Die Reform des mittelalterlichen Konkursrechts begann in Deutschland mit dem Reichstag von Lindau (1496–1497). Grund dafür waren Beschwerden der Bevölkerung, weil eine große Zahl von unschuldigen Menschen hingerichtet

70 Demars-Sion (1997) 33–91; Bayle-Mouillard (1836) 258; Deymes (1942)15–24, 33–40, 100–125.

71 Tomás y Valiente (1960) 249–489.

72 Von Hoiningen (1878) 12–23.

73 Buch (1913) 429–433.

74 Klinck (2011) 16–27.

75 Taeuber (1933) 40–56.

76 Sowohl die Lex Alamannorum als auch das longobardische Recht hatten den Verkauf eines Freien als Knecht oder seine Vernechtung verboten. Siehe dazu Spann (2004) 72–73.

worden war. Der folgende Reichstag von Freiburg von 1497 bis 1498 beschloss deshalb eine allgemeine Reform. Im Jahr 1500 wurde auf dem Reichstag von Augsburg verfügt, dass eine solche Reform umgesetzt werden solle. Der Reformvorschlag wurde 1532 nach vielen Überarbeitungen ausgeführt. Mehr als 30 Jahre vergingen, bevor das neue Gesetz unter dem Namen *Constitutio Criminalis Carolina* in Kraft trat. In der neuen Gesetzgebung wurden deutsche Rechtsvorstellungen und mit Ideen verknüpft, die oft der italienischen Kriminallehre entlehnt waren. Die *Carolina* war ein Wendepunkt in der Entwicklung des deutschen Strafrechts[77]. Es verbanden sich in ihr die deutsche Rechtsordnung und Ideen des italienischen Strafrechts, ohne dass es sich dabei um bloße Kopie gehandelt hätte. Die *Carolina* ersetzte die traditionelle, allgemeine Beschreibungen von Straftaten durch klar umrissene strafrechtliche Tatbestände. Das Gesetz unterschied nun zwischen bewusst begangenen Verbrechen und solchen, die fahrlässig begangen wurden. Die Absicht des Gesetzgebers war dabei, dass der Täter nur dann bestraft werden sollte, wenn dessen Schuld nachgewiesen werden konnte; das war eine wichtige Innovation. Das neue Gesetz berücksichtigte auch die Verantwortung des Täters für sein Handeln (z. B. bei jungen Menschen und Geisteskranken). Der karolingische Strafvollzug zeigt noch die Härte des mittelalterlichen Gesetzes mit vielen körperlichen Strafen und Verstümmelungen. Die *Carolina* trennte aber deutlich zwischen einem zahlungsunfähigen Schuldner und einem Straftäter. Im Sächsischen Recht existierte schon seit der Kursächsschen Konstitution von 1572 die öffentliche Haft im Schuldturm, daneben gab es je nach Art der Straftat weitere Sanktionen[78].

c) Der Schuldner sollte vom Gläubiger mit dem eigenen Haushalt unterstützt werden. Der Gläubiger trug die Verantwortung für den Schuldner und seine Familie. Der Schuldner wurde aus der Haft entlassen, wenn er in der Lage war, dem Gläubiger genügend Sicherheit zu bieten. Es stand im Ermessen des Gläubigers, seinen Schuldner aus der Haft zu entlassen. Die Inhaftierung hatte, wenn es zahlreiche Hinweise auf eine mögliche Flucht Schuldners gab, Sicherungsfunktion. Die Gläubiger konnten auf drei Arten befriedigt werden: zunächst innerhalb einer bestimmten Frist direkt durch Arbeit des Schuldners; die Schuld wird von Dritten (Familie oder Freunden des Schuldners) wegen der aktuellen oder zu befürchtenden Freiheitsbeschränkung des Schuldners beglichen oder eine genügende Sicherheit wird angeboten; durch Übertragung des Schuldnervermögens

77 Breßler (2004) 111–120.
78 Meier (2003) 60–72.

auf den Gläubiger[79]. Der Schuldturm war der durch die öffentliche Gewalt betriebene Ort der Haft. Aber man muss sich natürlich fragen, ob die mittelalterliche persönliche Haft (also die Schuldknechtschaft) nicht immer noch besser als die öffentliche Haft und angesichts der prekären Situation der öffentlichen Gefängnisse nicht eigentlich die humanere Option war[80].

Der Schuldturm war sowohl ein effektives Werkzeug der Strafverfolgung als auch eine wirksame Alternative zu gewalttätigen Formen der Selbsthilfe. Erst mit der Kursächsischen Konstitution von 1572 wurde das Ende der Schuldknechtschaft als Abarbeitung der Schuld auch auf dem Gebiet von Sachsen eingeläutet, und an ihre Stelle kam nun auch hier das öffentliche Schuldnergefängnis[81]. Darüber hinaus kann die Ersetzung der Schuldknechthaft durch das Schuldgefängnis als Höhepunkt der Durchsetzung des öffentlichen Gewaltmonopols in der Strafverfolgung angesehen werden. Die öffentliche Strafverfolgung der Zahlungsunfähigkeit des Schuldners ersetzte die persönliche Haftung des Schuldners für die Interessen der Gläubiger durch öffentliche Haft[82]. Das deutsche Recht sah als Möglichkeit des Gläubigers die Personalexekution des Schuldners vor, was strafrechtlich noch lange Zeit aufrechterhalten wurde. Erst im späten 15. und frühen 16. Jahrhundert wurde mit der Strafrechtsreform die *cessio bonorum* in das deutsche Recht übernommen. Um eine Haft aufgrund von Überschuldung zu vermeiden, konnte der Schuldner sein Vermögen freiwillig an den Gläubiger übertragen[83].

6. Es kann festgestellt werden, dass Knechtschaft und Schuldturm die beiden wichtigsten Formen der Personalexekution in Mittelalter und Neuzeit in Deutschland waren[84]. Es wird sogar behauptet, der Begriff „Schuldknechtschaft" habe in den Quellen eigentlich keine Grundlage, sondern habe sich erst aus der Zuschreibung der Forschung des 19. Jahrhunderts herausgebildet. Daher sollte der stattdessen sachlich richtige Begriff „Betrauung" verwendet werden[85]. Die Betrauung selbst war nicht mit einer Arbeitsverpflichtung des Schuldners verbunden. Die Inhaftierung war keine eigentliche Strafe, sondern in erster Linie ein wirksames Mittel der Zwangsvollstreckung gegen

79 Vollmershausen (2007) 28–30.
80 Dabelow (1801) 30–53.
81 Breßler (2004) 131–138.
82 Vollmershausen (2007) 27–34.
83 Klinck (2011) 16–27.
84 Dabelow (1801) 30 ff.; zur Vergleichung zum Deutschen als auch zum Italienischen Arrestprozess Kisch (1914) 15; Wach (1868) 80.
85 Breßler (2004) 210–220.

zahlungsunfähige Schuldner. Die Schuldhaft war einfach ein Zwangsmittel, um eine Begleichung der Schuld oder zumindest eine ausreichende Sicherheit vom Schuldner oder seinem Kreis zu erlangen. Bei den Schulden von Händlern ging es manchmal um Beträge, die das Vermögen des Schuldners deutlich übertrafen. Daher ist festzuhalten, dass neben der Berücksichtigung der gesetzlichen Problematik das hohe Risiko der Kaufleute zu diesem Zeitpunkt eine wichtige Rolle spielte[86].

4. Die Privatinsolvenz und der moderne Schuldturm: Restschuldbefreiung als modifizierte Schuldknechtschaft des 21. Jahrhunderts

1. Als juristischer Begriff bedeutet Insolvenz, dass ein Schuldner nicht in der Lage ist, seine Schulden zu bezahlen. Der Schuldner ist in finanziellen Schwierigkeiten, wenn seine Bilanzsumme weniger beträgt als seine gesamten Verbindlichkeiten, oder wenn er nicht in der Lage ist, die Schulden aus anderen Gründen zu zahlen, wenn sie fällig sind. In den modernen Gesetzen ist Insolvenz oft eine notwendige, aber nicht hinreichende Bedingung für Konkurs. Für diesen ist ein besonderes Konkursrecht vonnöten. Insolvenz- und Konkursrecht können als Bemühen des Staates angesehen werden, Eigentumsrechte zu schützen. Ein grundlegendes Problem dabei ist die Frage nach der Verteilung der Verluste[87].

2. Der Konkurs entwickelte sich relativ spät und eher vorsichtig. Sein Hauptziel war es, Gleichheit unter den Gläubigern, d. h. Gleichheit hinsichtlich des Verlusts zu erzielen, wenn der Schuldner zahlungsunfähig geworden ist. Dies kann nur durch allgemeine Zustimmung geschehen. Gäbe es kein Konkurs-System, sondern nur Vorschriften über Pfändung, würde jede Möglichkeit der Erlangung von Zahlung bei Insolvenz des Schuldners völlig abhängig davon sein, ob ein erster Pfändungsgläubiger etwas für die anderen übrig lässt. Bei einer drohenden Insolvenz gäbe es einen Wettlauf der Gläubiger bezüglich des Schuldnervermögens[88]. Durch das Insolvenz-Änderungsgesetz von 2001, in Kraft getreten am 01. 12. 2001, wurde in Deutschland allen Menschen der Zugang zum Insolvenzverfahren ermöglicht. Die Einführung der Kostenstundung führte dabei zu einer Belastung der öffentlichen Haushalte. Dabei wird eine Überprüfung der (aktuellen und in Zukunft zu erwartenden) Bonität des Schuldners vorgenommen,

86 Zu Recht Breßler (2004) 203–220.
87 Jackson (2001)12–17.
88 Bereits zutreffend bei Kohler (1891) 8–11.

um Verfahrensmissbräuche zu verhindern. Es soll vermieden werden, dass Insolvenzverfahren zu Massenarmut führen[89]. Es sind zwei Modellen zu erwähnen: das Verjährungsmodell, das für massearme Verfahren eine Lösung der Entschuldungsproblematik jenseits des Insolvenzverfahrens vorsieht; die andere Möglichkeit ist das sog. Treuhändermodell, das mit Regelungen zur einer Wohlverhaltensperiode verbunden ist. Nach beiden Modellen darf der Schuldner nicht über pfändbares Vermögen verfügen und muss über einen gewissen Zeitraum sein pfändbares Einkommen abgeben, um einen Missbrauch des Verfahrens zu vermeiden[90].

3. Durch die Angleichung der europäischen Rechtsprechung sind seit dem Jahr 2000 verschiedene Urteile zu Gunsten insolventer Schuldner im Falle ausländischer Privatinsolvenzen gesprochen worden[91]. Diese Rechtsprechungsangleichung bewirkte jedoch, dass bestimmte Länder mit besonders kurzen Wohlverhaltensphasen, z. B. England oder Frankreich, für ausländische Schuldner besonders attraktiv sind, um dort ein Privatinsolvenzverfahren zu beantragen und durchzuführen[92]. Es ist aber anzumerken, dass in Frankreich mittlerweile die Voraussetzungen für die Privatinsolvenz verschärft wurden. Wie in anderen Bereichen auch, hat sich ein „*Forum-shopping*-Wettbewerb" zwischen den nationalen Rechtsordnungen der Mitgliedstaaten der Europäischen

89 Harder (2012) 113.

90 Kilborn (2003–2004) 257.

91 Für eine aktuelle und ausrechende Untersuchung des Insolvenzrechts für natürliche Personen in Europa siehe die Arbeit des Max-Planck-Instituts Luxemburg in Zusammenarbeit mit der Universitäten Heidelberg und Wien, The external evaluation of Reg. No 1346/2000/EC on insolvency proceedings, Heidelberg-Luxemburg-Wien 2013, 66 ff., zugänglich unter: http://www.mpi.lu/uploads/media/evaluation_insolvency_en.pdf

92 Es liegen Entscheidungen englischer Gerichte vor, die Schuldnern, die sich durch den genannten „Insolvenztourismus" ihren Zahlungspflichten entziehen wollen, Schranken aufzeigen. Es ist bemerkenswert, welche Möglichkeiten das englische Recht Gläubigern bietet, um ein solches Vorgehen zu verhindern. In Deutschland sind mehrere Entscheidungen ergangen, wonach eine rechtsmissbräuchliche Erlangung einer Restschuldbefreiung nach ausländischem Recht einen Verstoß gegen den deutschen *Ordre Public* darstellen könne und nicht anzuerkennen sei (z. B. LG Köln, Urteil v. 14. Oktober 2011, Az. 82 O 15/08). Dies entspricht jedoch nicht der Rechtsprechung des EuGH zur Anerkennung ausländischer Insolvenzverfahren innerhalb der EU (EuGH BB 2010, 529 – MG Probud – mit Anmerkung Fichtner).

Union entwickelt[93]. Der Schuldner hat die Möglichkeit, den Staat zu wählen, in dem er am schnellsten Schuldenerlass erhält und von seiner Restschuld befreit wird, denn die nationalen Rechtsordnungen weichen stark voneinander ab (Schuldbefreiungstourismus)[94]. Zum Vergleich sah die deutsche Insolvenzordnung vor der Reform von 2012 eine sechsjährige Laufzeit vor, während nach dem englischen *Insolvency Act* eine Restschuldbefreiung spätestens nach zwölf Monaten stattfand. Auch in Frankreich bietet das Verfahren in bestimmten Arrondissements eine schnelle Entschuldung[95]. Das kurze „französische" Insolvenzverfahren rührt aus der Sonderstellung der grenznahen ostfranzösischen Departements Haut-Rhin (Strasbourg), Bas-Rhin (Mulhouse) und Moselle (Metz) her, die bis 1918 zum Deutschen Reich gehörten und damit im Geltungsbebiet der deutschen Gesetze lagen. Die deutsche Gesetzgebung wurde nach dem Rückfall dieser Departements an Frankreich teilweise als lokales Recht beibehalten. Genau das geschah auch mit der deutschen Konkursordnung aus dem Jahre 1877[96]. Das hat dazu geführt, dass durch eine Zusammengeltung und Parallelität des französischen und deutschen Rechts in Frankreich ein Verbraucherinsolvenzverfahren überhaupt erst möglich wurde. Mit der Einführung der deutschen Konkursordnung von 1877 in den angrenzenden Departements war ein Unternehmenskonkurs auch auf natürliche Personen anzuwenden: So war eine Restschuldbefreiung für natürliche Personen möglich[97]. Die Bestimmungen der französischen Insolvenzordnung (jetzt Art. 620-1 ff. *code de commerce*) gelten gemäß Art. 670-1 *code de commerce* auch für natürliche Personen, abgesehen von den Zugangsvoraussetzungen[98]. Das *Rétablissement personnel*-Verfahren entspricht der Privatinsolvenz (*faillite civile*) der Grenzdepartments Bas-Rhin, Haut-Rhin und Moselle. Erst seit 2003 gilt es für ganz Frankreich. Der Schuldner muss alle Möglichkeiten der außergerichtlichen Schuldenbereinigung

93 Weller (2004) 412 (413); vgl. Wessels (2011) 298-308. Aber das Landgericht Trier hat in einem Urteil - 5 O 247/12 vom 02.05.2013 - klargestellt, dass die die England erteilte Restschuldbefreiung in Deutschland und insbesondere das „Forum-Shopping" anzuerkennen ist: es besteht kein Verstoß gegen den deutschen *Ordre Public* (OLG Köln ZIP 2013, 644, Rn. 73; Brandenburgisches OLG ZInsO 2011, 1563; OLG Nürnberg NJW 2012, 862).

94 Knof (2005) 1017-1025.

95 D'Avoine (2011) 310 ff.

96 Lemanissier(1939) 12-34; Lencou (1980) 45-69.

97 Trancou (1918) 20-43; Budin (1935) 10-25.

98 Kilborn (2005) 619 ff.

ausgeschöpft haben und der Insolvenzrichter entscheidet schlussendlich, ob das Verfahren zugelassen wird oder nicht[99].

4. Ein Hauptproblem bei der Einschätzung von Kreditrisiken ist die Information. Deshalb kam und kommt es immer wieder zu Betrug, Täuschung und Fehleinschätzungen[100]. Dies könnte eine Erklärung dafür sein, warum viele Kulturen bereits in einem frühen Stadium drastische Maßnahmen mit dem Ziel des Kreditschutzes und des Schutzes des Privateigentums eingeführt haben. Dies scheint mit Vorschriften bezüglich der Umgehung von Insolvenz- und Konkursrecht sowie zum Betrug in solchen Situationen verbunden gewesen zu sein. Für lange Zeit waren Schuldner nicht in der Lage, ihre Schulden zu bezahlen[101]. Zahlungsverzögerung, Zahlungsunfähigkeit, Überschuldung und Insolvenz wurden oft dem Diebstahl oder Raub gleichgestellt. Die Gläubiger konnten als Befriedigungs- und Strafmaßnahme in der Regel über Vermögen und Körper des Schuldners verfügen. Todesstrafe, Sklaverei, stigmatisierende und mit Scham behaftete Strafen und das Schuldgefängnis gab es auch nach dem Mittelalter noch. Personen, die in die Schuldenfalle geraten waren und nicht ein weiteres Darlehen aufnehmen konnten oder wollten, wurden in Verwahrung genommen, und der Gläubiger bezahlte nur eine geringe Summe für ihren Lebensunterhalt. Der Aufenthalt im Gefängnis war nicht zeitlich begrenzt und ging entweder so lange, bis die Schuld bezahlt war oder bis der Gläubiger bereit war, Geld für ein normales Leben seines Schuldners zu zahlen. Wir können, wie oben aufgezeigt wurde, einige allgemeine Entwicklungsstadien bei der Behandlung eines zahlungsunfähigen Schuldners erkennen: Zunächst gibt es eine Phase, in der der Schuldner

---

99 Die Geschichte der Insolvenz in Frankreich ab 1789 ist von der revolutionären Freiheitsanschauung der natürlichen Personen geprägt. Die Willensfreiheit (art. 1134 Code civil Fr.) und die „*liberté contractuelle*" sind unantastbar. Deswegen waren Zahlungseinstellung/Zahlungsunfähigkeit = Zahlungsverzögerung = Nicht-Erfüllung unter dem Insolvenzrecht gleichzustellen, s. dazu Quenillet (1992) 17. Das Überschuldungsrecht ist im 20. Jahrhundert langsam entstanden. Besonderer Auslöser war die Wirtschaftskrise von 1980. Seitdem sind die Gesetze von 1989, 1995, 1998 bis zur Reform 2003, 2010 und 2011 in Kraft getreten, um durch verschiedene Verfahren die Überschuldung natürlicher Personen zu regeln. Das Verbrauchersgesetz (Art. L. 330–1) bestimmt das Verfahren für Verbraucherinsolvenz. Daneben gelten die besondere Bestimmungen für Haut-Rhin, Bas-Rhin und Moselle (Art. L. 670–1 ff. Code de commerce), welche seit 2003 in ganz Frankreich Anwendung finden. Für eine eine detallierte Darstellung: Vigneau / Bourin / Cardini (2012) Rn. 1–24, 36–41.

100 Vgl. Mann (2002) 10–25.

101 Efrat (2006) 364–393.

sehr schlecht behandelt wird. In den ältesten römischen und germanischen Gesetzgebungen diente die körperliche Vollstreckung an der Person des Schuldners der Befriedigung des Gläubigers, soweit kein anderes Vermögen zur Deckung der Verbindlichkeiten vorhanden war. In dieser Phase wurden Schuldner als Diebe und Betrüger angesehen und Strafen waren obligatorisch[102].

5. Dieser ersten Phase folgte häufig eine Phase, in dem der Gesetzgeber die oft grausamen Vorschriften für die Behandlung von Schuldnern mildern musste. Der Schuldner als physische Person wurde verschont, seine Auslöschung als juristische Person wurde jedoch beibehalten. Schuldknechtschaft und Sklaverei wurden im Laufe der Zeit durch Polizeigewahrsam und Haft ersetzt. Private Gefängnisse wurden schließlich von öffentlichem Gewahrsam ersetzt. Es wurden Gesetze verabschiedet, die bestimmten, dass der Schuldner sein Vermögen herauszugeben habe. Wirtschaftlich entwickelte Gesellschaften hatten oft eine strengere Insolvenzgesetzgebung[103]. Diese wurde mit der Zeit in der Verfolgung ihres Ziels häufig jedoch immer ineffizienter. Als schließlich die Schuldgefängnisse verschwunden waren, blieb die Strafbarkeit betrügerischer Schuldner. Meiner Ansicht nach ist hierbei von einem Paradigmenwechsel auszugehen. Heutzutage gibt es mit der Insolvenz natürlicher Personen insbesondere für den rechtstreuen Schuldner eine zweite Chance mit der Möglichkeit der Restschuldbefreiung. Diese wird verbunden mit dem Zwang zur Bereitstellung des eigenen Arbeitslohns zugunsten der Gläubiger innerhalb eines begrenzten Zeitraums. Die Motive gleichen dabei denen, die schon in Rom und anschließend im Mittelalter bis zur Neuzeit eine Rolle gespielt haben. In der Wirtschaft des neunzehnten Jahrhunderts schließlich wurde unternehmerisches Scheitern integraler Bestandteil des wirtschaftlichen Lebens[104].

5. Fazit

Die Entwicklung der Insolvenz war ein langer historischer Prozess über mehrere Jahrhunderte. Für lange Zeit wurden Schuldner einer übertrieben schweren Behandlung unterzogen. Insolvenz wurde oft dem Diebstahl gleichgestellt, dazu war es oft üblich, dass die Gläubiger neben dem Vermögen des Schuldners auch

102 Das Gutachten der World Bank über die schwierige Verschuldungslage der natürlichen Person ist 2012 erschienen gegeben und beschreibt ausführlich die Lage. Abrufbar unter: http://siteresources.worldbank.org/INTGILD/Resources/WBPersonalInsolvency ReportOct2012DRAFT.pdf.

103 Jacobi (2012) 123; vgl. Frade (2012) 45–50;

104 Laroche u. a. (2012) 558–559.

auf seine Person zurückgreifen konnten, um durch seine Gefangenschaft und Arbeit die Deckung der Verpflichtungen zu erreichen. Leibeigenschaft, Schuldturm und stigmatisierende Strafen gab es auch noch nach dem Mittelalter. Sogar die natürliche Person (zumindest als Verbraucher) war keinen Bestandteil mancher Insolvenzrechtssysteme.

In einer wachsenden und immer komplexeren Wirtschaft, die zunehmend auf Kredit basierte, gab es eine immer größere Notwendigkeit für den Zugang zu Bonitätsinformationen und zu Disziplinar- und Kontrollinstrumenten. Der Staat zog sich aus diesen Aufgaben zurück, die von den Märkten übernommen wurden. Vereinigungen von Unternehmern etablierten Organisationen, die Kreditinformationen sammelten, standardisierten und zentralisierten. Einem Schuldner, der zahlungsunfähig wird, sollte eine besondere Verfahrensart zur Verfügung stehen, die weder von einseitigen Refinanzierungsbedingungen seitens des Gläubigers geprägt ist, noch als öffentlicher Schuldturm des Staates ausgestaltet ist. Sowohl die staatliche Tätigkeit (mit Insolvenzberatern, Insolvenzverwaltern, privaten und öffentlichen Stellen) als auch die Vereinbarung zwischen Gläubigern und Schuldner sind Wege zur Behandlung der zahlungsunfähigen natürlichen Person (moderner Schuldturm): private Insolvenz oder Restschuldbefreiung[105]. Der Schwerpunkt des Gesetzes zur Verkürzung des Restschuldbefreiungsverfahrens und zur Stärkung der Gläubigerrechte erlaubt es, die Restschuldbefreiungsverfahren früher zu beenden. Daneben ist das Gesetz zur weiteren Entwicklung der Sanierung von Unternehmen (ESUG) zu nennen, mit dem die Sanierungschancen von Unternehmen verbessert worden[106].

Das 2014 reformierte Restschuldbefreiungsverfahren gibt in Deutschland Schuldnern die Chance, bereits nach drei statt bisher sechs Jahren von ihren Restschulden befreit zu werden. Voraussetzungen dafür sind: Die Bezahlung der Verfahrenskosten und mindestens eines Viertels der Forderungen innerhalb dieses Zeitraums. In Zukunft wird diese Möglichkeit allen natürlichen Personen offen stehen: es besteht keine Beschränkung mehr auf bestimmte Personenkreise wie Verbraucher oder Existenzgründer[107]. Gleichzeitig sind Maßnahmen zur Stärkung der Gläubigerrechte vorgesehen. Zudem soll nach der neuen Regelung kein außergerichtlicher Einigungsversuch mehr unternommen werden müssen, wenn dieser als offensichtlich aussichtslos anzusehen ist[108]. Das entspricht der Tendenz in den meisten europäischen Staaten, die Entschuldungsdauer im

---

105 Spooner (2013) 747–794; Schmerbach (2012) 916.

106 Gross u. a. (2014) 1 Rn. 38–47.

107 Pape (2012) 150.

108 Hofmeister / Schulz (2012) 134.

Rahmen eines Privatinsolvenzverfahrens von etwa fünf Jahren auf drei Jahre zu verkürzen. Zudem sehen die meisten Rechtsordnungen vollständige Restschuldbefreiung vor. Daneben sind andere Reformen im Privatinsolvenzrecht noch umzusetzen: die Verkürzung der Verfahrensdauer und eine quotenunabhängige Restschuldbefreiung[109], um den Zugang zum Privatkonkurs auch einkommensschwachen und armutsgefährdeten Personen zu ermöglichen[110]. Nun für den Treuhändler und Insolvenzverwalter bleibt die Verbraucherinsolvenz als ein Geschäft ohne besondere Incentive und Motivation. Die Verfahrenskosten spielen dabei und dagegen dem Schuldner eine wichtige Rolle.

Zur Lösung und Behandlung der Überschuldung und Zahlungsunfähigkeit privater Haushalte ist das heutige Verbraucherinsolvenzverfahren als Privatkonkurs oder Restschuldbefreiung ein wichtiger Beitrag. Nichts Neues unter der Sonne: Von den Regelungen in Rom und im Mittelalter kann man immer lernen[111]. Was sich als neue Herausforderung darstellt, ist eine Tendenz zu übermäßiger Kreditaufnahme. Dieser sollte mit flankierenden Maßnahmen wie etwa Informationspflichten und Beratungsleistungen entgegengewirkt werden. Beide Perspektiven (ex post und ex ante) können langfristig dazu beitragen, die Verantwortung des Einzelnen für sein Handeln und das Gläubigerinteresse aufrechtzuerhalten[112].

Literaturverzeichnis

Bayer (1868): *Hieronymus Bayer,* Theorie des Concurs-Processes nach gemeinem Rechte (4. durchges. und verb. Aufl., 2. Abdr. München 1868- IV).

Bayle-Mouillard (1836): *Jean-Baptiste Bayle-Mouillard* De l'Emprisonnement pour dettes: considération sur son origine, ses rapports avec la morale publique et les intérêts du commerce, des familles, de la société; suivies de la Statistique de la contrainte par corps (Paris 1836).

Behrends (1974): *Okko Behrends,* Der Zwölftafelprozeß: zur Geschichte des römischen Obligationenrechts (Göttingen 1974).

Bethmann-Hollweg (1865): *August von Bethmann-Hollweg,* Der römische Civilprozess, (Bonn 1865) 316–320.

---

109 Fraglich Jäger (2012) 142.
110 Schönen (2010) 81.
111 Kilborn (2009) 307 ff.
112 Kilborn (2011) 63–70.

Bonini (1991): *Roberto Bonini*, „La Carcere dei debitori": linee di una vicenda settecentesca (Torino 1991) 15–32.

Breßler (2004): *Steffen Breßler*, Schuldknechtschaft und Schuldturm. Zur Personalexekution im sächsischen Recht des 13.–16. Jahrhunderts (Berlin 2004).

Buch (1913): *Georg Buch*, Zur Zession im deutschen mittelalterlichen Recht, Zeitschrift der Savigny-Stiftung für Rechtsgeschichte, Germanistische Abteilung, 34 (1913) 429–433.

Budin (1935): *Jean Budin*, La faillité civile (Paris 1935).

Burg (1820): *Michel Burg*, Considérations sur la Contrainte par corps en matière de dettes dites commerciales (Paris 1820).

Carrelli (1944): *Edoardo Carrelli*, Ancora sull'origine della bonorum venditio, Studia et Documenta Historiae et Iuris, X, 2 (1944) 302–316.

Cassandro (1938): *Giovanni Cassandro*, Le rappresaglie e il fallimento a Venezia nei secoli XIII e XIV con documenti inediti (Torino 1938).

Cohen (1982): *Jay Cohen*, The History of Imprisonment for Debt and Its Relation to the Development of Discharge in Bankruptcy, Journal of Legal History 3 (1982) 153, 157.

D'Amati (1991–1992): *Laura D'Amati*, Curator bonorum: una rilettura, Bullettino dell'Istituto di Diritto Romano „Vittorio Scialoja", XXXIII–XXXIV (1991–1992) 440–448.

D'Avoine (2011): *Marc D'Avoine*, Internationale Zuständigkeit des deutschen Insolvenzgerichts bei offenkundiger "Rückkehroption" des ehemals selbständig wirtschaftlich tätigen Schuldners mit dem Ziel der Restschuldbefreiung, Neue Zeitschrift für Insolvenzrecht (NZI) 8/2011, 310 ff.

Dabelov (1801): *Christoph Dabelow*, Ausführliche Entwicklung der Lehre vom Concurse der Gläubiger (Halle 1801).

Demars-Sion (1997): *Veronique Demars-Sion*, Contribution à l'histoire de la faillite: étude sur la cession de biens à la fin de l'Ancien Régime, Revue historique de droit français et étranger, vol. 75, no. 1 (1997) 33–91.

Deymes (1942): *Louis Deymes*, L'evolution de la nature juridique de la contrainte par corps. (Diss. Univ. Toulouse 1942).

Di Salvo (1979): *Settimio Di Salvo*, La lex Laetoria, minore età e crisi sociale fra il III e il II sec. a. C (Napoli 1979) 205.

Ducos (1979): *Michèle Ducos*, La crainte de l'infamie et l'obéissance à la loi. (Cic, De Rep., V. 4. 5), Revue d'études latines [RÉL], LVII, 1979, 145–165.

Efrat (2006): *Rafael Efrat*, The Evolution of Bankruptcy Stigma, Theoretical Inquiries in Law, 7 (2006) 364–393.

Finley (1965): *Moses Finley*, La servitude pour dette, RHD, IVe série, XLIII, 1965, 159–184.

Forster (2009): *Wolfgang Forster*, Konkurs als Verfahren: Francisco Salgado de Somoza in der Geschichte des Insolvenzrechts (Köln / Weimar 2009).

Forster (2009a): *Wolfgang Forster*, Vom Schandstein zum Konkursverfahren. Rechtsdogmatische Beobachtungen zur Geschichte des Insolvenzrechts, in: *Stefan Smid* (Hrsg.) Aktuelle Probleme des geltenden deutschen Insolvenzrechts. Schriften zum deutschen, europäischen und internationales Insolvenzrecht, Bd. 16 (Berlin 2009) 3–17.

Frade (2012): *Catarina Frade*, Bankruptcy, stigma and rehabilitation, ERA Forum 13 (2012) 45–57.

Frederiksen (1966): *Martin W. Frederiksen*, Caesar, Cicero and the Problem of Debt, Journal of Roman Studies, 56 (1966) 128–141.

Frind (2012): *Frank Frind*, Praxis-Prüfstand: Die Vorschläge zur Neuordnung des Insolvenzverfahrens natürlicher Personen, ZInsO 2012, 475 (Teil 1), 668 (Teil 2).

Giuffrè (1972): *Vincenzo Giuffrè*, La c. d. "lex Iulia" de bonis cedendis, Labeo, 18 (1972) 173–191.

Giuffrè (1993): *Vincenzo Giuffrè*, Sull'origine della bonorum venditio come esecuzione patrimoniale, Labeo 39 (1993) 317–364.

Gloria (1851): *Andrea Gloria*, La pietra del vituperio nel salone di Padova (Padua 1851).

Gratzer (2008): *Karl Gratzer*, History of Insolvency and Bankruptcy from an International Perspective, in: *Karl Gratzer / Dieter Stiefel* (Hrsg.), History of Insolvency and Bankruptcy from an International Perspective (Huddinge 2008) 5–14.

Greenidge (1984): *Abel Hendy Jone Greenidge*, Infamia. Its Place in Roman Public and Private Law (Oxford 1894).

Harder (2012): *Sebastian Harder*, Die geplante Reform des Verbraucherinsolvenzrechts, Neue Zeitschrift für das Recht der Insolvenz und Sanierung 2012, 113.

Gross u. a. (2014): *Paul Gross / Harald Hess / Nicolle Reill-Ruppe*, Insolvenzplan, Sanierungsgewinn, Restschuldbefreiung und Verbraucherinsolvenz (Heidelberg 2014).

Hirte (2013): *Heribert Hirte*, Stellungnahme zum Regierungsentwurf eines Gesetzes zur Verkürzung des Restschuldbefreiungsverfahrens und zur Stärkung der Gläubigerrechte (BT-Drucks. 17/11268) für den Deutschen Bundestag – Sitzung des Rechtsausschusses am 14. Januar 2013 –, 1–8, abrufbar unter: http://www.bundestag.de/bundestag/ausschuesse17/a06/anhoerungen/archiv/36_Restschuldbefreiung/04_Stellungnahmen/Stellungnahme_Hirte.pdf.

Hofmeister / Schulz (2012): *Carsten Hofmeister / Eckehard Schulz*, Stärkung der außergerichtlichen Einigung – wirklich gut oder gut gemeint?, Zeitschrift für Verbraucher- und Privat-Insolvenzrecht, VI 2012, 134.

Ioannatou (2006): *Marina Ioannatou*, Affaires d'argent dans la correspondance de Cicéron: L'aristocratie sénatoriale face à ses dettes, Diss. Université de Paris II (zwei Bände, Paris 2006).

Ioannatou (2001): *Marina Ioannatou*, Le code de l'honneur des paiements. Créanciers et débiteurs à la fin de la République romaine, Annales. Histoire, Sciences Sociales. Nr. 6 (2001) 1201–1221.

Jacobi (2012): *Florian Jacobi*, Insolvenzrechtsreform zum Verfahren natürlicher Personen, InsbürO 2012, 123.

Jackson (2001): *Thomas Jackson*, The logic and limits of Bankrupcy Law (Washington 2001).

Jäger (2012): *Ulrich Jäger*, Schnellere Restschuldbefreiung durch Mindestquote – § 300 Abs. 1 Satz 2 Nr. 1 InsO-RefE 2012 auf dem Prüfstand, ZVI 2012, 142.

Kaser (1956): *Max Kaser*, Infamia und ignominia in den römischen Rechtsquellen, Zeitschrift der Savigny-Stiftung für Rechtsgeschichte (Rom. Abt.) 73 (1956) 220.

Kilborn (2003–2004): *Jason Kilborn*, The Innovative German Approach to Consumer Debt Relief: Revolutionary Changes in German Law, and Surprising Lessons for the United States, Nw. J. Int'l L. & Bus. 24 (2003–2004) 257.

Kilborn (2005): *Jason Kilborn*, La Responsabilisation de l'Economie: What the United States Can Learn From the New French Law on Consumer Overindebtedness, Michigan Journal of International Law, Bd. 26 (2005) 619.

Kilborn (2009): *Jason Kilborn*, Two Decades, Three Key Questions, and Evolving Answers in European Consumer Insolvency Law: Responsibility, Discretion, and Sacrifice, in: *Johanna Niemi / Iain Ramsay / William Whitford* (Hrg.) Consumer credit, debt and bankruptcy: comparative and international perspectives (Oxford 2009) 307.

Kilborn (2011): *Jason Kilborn*, Expert Recommendations and the Evolution of European Best Practices For the Treatment of Overindebtedness, 1984–2010 (Deventer 2011).

Kisch (1914): *Guido Kisch*, Der deutsche Arrestprozess (Wien 1914).

Klinck (2004): *Fabian Klinck*, Erwerb durch Übergabe an Dritte nach klassischem römischen Recht (Berlin 2004).

Klinck (2011): *Fabian Klinck*, Die Grundlage der besonderen Insolvenzanfechtung – Gläubiger- und Vertrauensschutz im Übergang vom Prioritäts- zum Gleichbehandlungsgrundsatz (Berlin 2011).

Knof (2005): *Béla Knof*, Europäisches Insolvenzrecht und Schuldbefreiungs-Tourismus, ZInsO 2005, 1017–1025.

Kohler (1891): *Josef Kohler*, Lehrbuch des Konkursrechts (Stuttgart 1891).

Kroppenberg (2001): *Inge Kroppenberg*, Die Insolvenz im klassischen römischen Recht (Köln 2001).

Laroche u. a. (2012): *Peter Laroche / Wolfgang Pruskowski / Alexandra Schöttler / Volker Siebert / Heinz Vallender*, Insolvenzrechtsreform 2. Stufe – die geplanten Änderungen in der Insolvenz natürlicher Personen, ZIP 2012, 558; Stephan, Stellungnahme zum Referentenentwurf eines Gesetzes zur Verkürzung des Restschuldbefreiungsverfahrens, zur Stärkung der Gläubigerrechte und zur Insolventfestigkeit von Lizenzen, ZVI 2012, 85.

Lemanissier (1939): *Jean Lemanissier*, Faillité civile en Alsace et en Lorraine (Caen 1939).

Lencou (1980): *Dominique Lencou*, La faillité personnelle et la banqueroute, Diss. Université de Bordeaux I (1978) (in Grenoble gedruckt 1980).

Lepa (2002): *Lepa, Brita*, Insolvenzordnung und Verfassungsrecht (Berlin 2002).

Leville (1866): *Jules-Louis Leveille*, De l'Abolition de la Contrainte par corps (à propos de la loi projetée), Revue pratique de droit français, XXII (1866) 305–332.

Levinthal (1918): *Louis Edward Levinthal*, The Early History of Bankruptcy Law, University of Pennsylvania Law Review Bd. 66 (1918) 223.

Löbmann (1956): *Benno Löbmann*, Der kanonische Infamiebegriff in seiner geschichtlichen Entwicklung unter besonderer Berücksichtigung der Infamielehre des Franz Suarez (Leipzig 1956).

Longo (1963): *Giannetto Longo*, Lex Iulia de cessione bonorum, Novissimo Digesto Italiano 9 (1963) 810.

Lucq (1867): *Victor Lucq*, Abolition de la Contrainte par Corps (Bruxelles 1867).

Mac Cormack (1967): *Mac Cormack / Geofrey Nexi*, Iudicati and Addicti in Livy, Zeischrift der Savigny Stiftung für Rechtsgeschichte 84 (1967) 350–354.

Mann (2002): *Bruce Mann*, Republic of Debtors: Bankruptcy in the Age of American Independence (Cambridge 2002) 10–25.

Manzini (1926): *Manzini, Vincenzo*, La bancarotta e la procedura fallimentare nel diritto veneziano, con cenni sui grandi fallimenti del secolo XV, Atti del Reale Istituto Veneto di Scienze, Lettere ed Arti, Bd. 85/2 (1925–26) 1093–1135.

Martin (2005): *Nathalie Martin*, The role of history and culture in developing bankruptcy and insolvency systems: the perils of legal transplantation. Boston College Int. Comp. Law Rev. XXVIII (1) (2005) 1–77.

Meier (2003): *Anke Meier*, Die Geschichte des deutschen Konkursrechts, insbesondere die Entstehung Reichskonkursordnung von 1877 (Frankfurt a.M. 2003).

Mitteis (1901): *Ludwig Mitteis*, Über das Nexum, Zeitschrift für Rechtsgeschichte, Rom. Abt. Bd. 22 (1901) 96–125.

Max-Planck-Institut Luxemburg in Zusammenarbeit mit den Universitäten Heidelberg und Wien, The external evaluation of Reg. No 1346/2000/EC on insolvency proceedings, Heidelberg-Luxemburg-Wien 2013, zugänglich unter: http://www.mpi.lu/uploads/media/evaluation_insolvency_en.pdf.

Nicosia (1998): *Giovanni Nicosia*, La manus iniectio: dal regime originario a quello della manus iniectio pura, in: Praesidia libertatis. Garantismo e sistemi processuali nell'esperienza di Roma repubblicana. Atti del VI Convegno Copanello, 7–10 giugno 1992, 1994, in: Silloge. Scritti 1956–1996, Bd. 2 (Catania 1998) 637–668.

Obermüller (2012): *Manfred Obermüller*, Kreditsicherheiten in der Verbraucherinsolvenzreform, ZVI 2012, 146.

Pace (2004): *Giacomo Pace*, Contrainte par corps: l'arresto personale per debiti nell'Italia liberale (Torino 2004).

Pape (2012): *Gerhard Pape*, Verbraucherinsolvenz 2012 – gefühlter und tatsächlicher Reformbedarf, ZVI 2012, 150.

Pape / Grote (2012): *Gerhard Pape / Hugo Grote*, Das neue Insolvenz- und Restschuldbefreiungsverfahren – Was die lange überfällige Reform bringt – und ob sie Sinn macht, AnwBl 2012, 507.

Peppe (1981): *Leo Peppe*, Studi sull' esecuzione personale, I, Debiti e debitori nei primi due secoli della repubblica romana (Milano 1981).

Pertile (1966): *Antonio Pertile*, Sotoria della procedura (continuazione), in: Storia del diritto italiano dalla caduta dell impero romano all codificazione, Band 6/2 Teilband (2. Aufl. Bologna 1966).

Purpura (2006): *Gianfranco Purpura*, La pubblica rappresentazione dell'insolvenza. Procedure esecutive personali e patrimoniali al tempo di Ciceronein: Convegno "Lo spettacolo della giustizia a Roma: le orazioni di Cicerone" (Palermo 2006).

Quenillet (1992): *Martine Quenillet*, La bonne foi du débiteur surendetté: une voie sans issue: LPA 5/2/1992, 17.

Rodríguez (2003): *Rodríguez Otero*, Lino, El enigmático nexum como precedente de la hipoteca, Rev. Crít. de Derecho Inmobiliario 79 (2003), Num. 677: 1619–1692.

Santarelli (2012): *Umberto Santarelli*, Per la storia del fallimento nelle legislazioni italiane dell'età intermedia (Padova 1964).

Schäfer (2012): *Thiemo Schäfer*, Der Eröffnunggrund der Überschuldung (Baden-Baden 2012).

Schmerbach (2010): *Ulrich Schmerbach*, Vereinfachung des Restschuldbefreiungsverfahrens, ZInsO 2012, 916.

Schönen (2010): *Simone Schönen*, Verbraucherinsolvenzrecht im internationalen Vergleich unter besonderer Berücksichtigung der Vorschriften zur Restschuldbefreiung (Teil II), ZVI 2010, 81.

Solazzi (1920): *Siro Solazzi*, Studi sul concorso dei creditori nel diritto romano, Atti della R. Accademia dei Lincei, Bd. XVI (1920), 545–580.

Soza (2008): *María de los Ángeles Soza*, El bonorum emptor: su posición jurídica – Sumario – Procedimiento concursal. La posición jurídica del bonorum emptor (Madrid 2008).

Spann (2004): *Michael Spann*, Der Haftungszugriff auf den Schuldner zwischen Personal- und und Vermögensvollstreckung. Eine exemplarische Untersuchung der geschichtlichen Rechtsquellen ausgehend vom römischen Recht bis ins 21. Jahrhundert unter besonderer Berücksichtigung bayerischer Quellen (Münster 2004).

Spooner (2012): *Joseph Spooner*, Long Overdue, What The Belated Reform of Irish Personal Insolvency Law Tells Us About Comparative Consumer Bankruptcy, in: 86 American Bankruptcy Law Journal 2012, 243.

Spooner (2013): *Joseph Spooner*, Fresh Start or Stalemate? European Consumer Insolvency Law Reform and the Politics of Household Debt, European Review of Private Law, 21/3 (2013) 747–794.

Strätz (1974): *Wolfgang Strätz*, Treu und Glauben, Bd. 1: Beiträge und Materialien zur Entwicklung von „Treu und Glauben" in deutschen Privatrechtsquellen vom 13. bis zur Mitte des 17. Jahrhunderts, Paderborn 1974.

Tabb (2005): *Charles J. Tabb*, The Historical Evolution of the Bankruptcy Discharge, American Bankruptcy Law Journal 3 (1995) 5–10.

Tabb (2005): *Charles Tabb*, Lessons from the globalization of consumer bankruptcy. Law Soc. Inq. 30 (2005) (4) 763–782.

Taeuber (1933): *Walther Taeuber*, Geld und Kredit im Mittelalter (Berlin 1933).

Thole (2011): *Christoph Thole*, Vom Totengräber zum Heilbringer? – Insolvenzkultur und Insolvenzrecht im Wandel, JZ 2011, 765.

Tomás y Valiente (1960): *Francisco Tomás y Valiente*, La prisión por deudas en los derechos castellano y aragonés, Anuario de Historia del Derecho Español, XXX (1960) 249–489.

Trancou (1918): *Georges Trancou*, De l'Extension de la Faillite aux non-commerçants, Diss. Université de Paris (Paris 1918).

Treiman (1938): *Israel Treiman,* Acts of Bankruptcy: A Medieval Concept in Modern Bankruptcy Law, Harvard Law Review 52 (1938) 189–215.

Triandafil (1914): *Ernest Triandafil*, Histoire des voies d'exécution en droit romain. Époque des actions de la loi de la procédure formulaire (Paris 1914).

Vigneau / Bourin / Cardini (2012): *Vincent Vigneau / Guillaume-Xavier Bourin / Cyril Cardini*, Droit du surendettement des particuliers (2. Aufl. Paris 2012).

von Hoiningen (1878): *Hans von Hoiningen*, Beiträge zur geschichtlichen Entwicklung des strafbaren Bankerutts in Deutschland (Bonn 1878).

Vollmershausen (2007): *Christiane Vollmershausen*, Vom Konkursprozess zum Marktbereinigungsverfahren (Münster 2007).

Wach (1868): *Wach*, Der italienische Arrestprocess (Leipzig 1868).

Wacke (1978): *Andreas Wacke*, Athleten als Darlehensnehmer nach römischen Recht, Studia et Documenta Historiae Iuris 44 (1978) 439–452.

Wagner (1974): *Herbert Wagner*, Die Entwicklung der Legalhypotheken am Schuldnervermögen im römischen Recht (bis zur Zeit Diokletians) (Köln / Wien 1974).

Weiss (1980): *Egon Weiss*, Missio in possessionem, en Paulys Realencyclöpadie der classischen Altertumswissenschaft (München 1980) XV, 2, 2054–2057.

Weller (2004): *Marc-Phillippe Weller*, Forum Shopping im Internationalen Insolvenzrecht?, IPRax 2004, 412 (413).

Wenger (1925): *Leopold Wenger*, Institutionen des römischen Zivilprozessrechts (München 1925).

Wessels (2011): *Bob Wessels*, EU Insolvency Regulation: Where to go from here?, International Insolvency Law Review 3/2011, 298–308.

Whitman (1996): *James Q. Whitman*, The Moral Menace of Roman Law and the Making of Commerce: Some Dutch Evidence, 105 Yale L.J. 1841, 1871.

Wlassak (1899): *Moriz Wlassak*, Cessio bonorum, in: *August Pauly / Georg Wissowa* (Hrsg.), Realencyclopädie der classischen Altertumswissenschaft, Bd. III/2 (Stuttgart 1899) Sp. 1995–2000.

Woeß (1922): *Friedrich von Woeß*, Personalexekution und cessio bonorum im römischen Reichsrecht, Zeitschrift der Savigny-Stiftung für Rechtsgeschichte, Romanistische Abteilung, 43 (1922) 485–529.

Yavetz (1974): *Zvi Yavetz*, Existimatio, Fama and the Ides of March, Harvard Studies in Classical Philology 78 (1974) 35–65.

Zambrana (2004): *Patricia Moral Zambrana,* Histoire de six articles du Code civil français: les droits du debiteur, honneur et contrainte par corps, Revue historique de Droit Francais et Etranger (2004) 82 (4) 589–611.

Ziegel (2006): *Jacob Ziegel*, Facts on the Ground and Reconciliation of Divergent Consumer Insolvency Philosophies, Theoretical Inquiries 7 (2006) 299.

Natale Rampazzo

Recusatio iudicis in der Entwicklung des römischen Zivilprozessrechts. Einige Bemerkungen

Abstracts

The recusation of the judge constitutes a specific feature of the due process of law to which contribute significantly the role of the intention of the parties who are allowed in this way to control the composition of the judging body. With regard to the purposes of this paper, the principal focus is on the analysis of the origins of the institute in the mainframe of the Roman civil procedure, investigating also the traces of its historical continuum from the lex Irnitana (I century a.D.) to the regulation of Justinian.

La ricusazione del giudice costituisce una specifica caratteristica del giusto processo cui contribuisce in maniera determinante il ruolo della volontà delle parti cui è concesso di controllare la composizione dell'organo giudicante. Per quanto attiene alle finalità del presente saggio, particolare rilievo è dato all'analisi delle origini dell'istituto nell'ambito del processo civile romano, indagando altresì le tracce di un suo continuum storico dalla lex Irnitana del I sec. d.C. alla regolamentazione giustinianea.

Die Ablehnung des Richters verfolgt (noch) in den heutigen zivilprozessualen Rechtsordnungen einen bestimmten Schutzzweck, der darin besteht, die Unparteilichkeit der Gerichte zu gewährleisten. Gleichzeitig verdeutlicht dieses Institut die geschichtlich verwurzelte Bedeutung des Parteiwillens bei der Zusammensetzung des Gerichts. Die vorliegende Analyse stellt die heute geltenden Bestimmungen zum Einfluss der Parteien auf die Richterbestellung in den Zivilprozessordnungen in einen historischen Zusammenhang und klärt deren Bedeutung für dieses wichtige Stadium des Zivilprozesses. Zum einen deuten die Vorschriften der §§ 41 (Ausschluss von der Ausübung des Richteramtes) und 42 (Ablehnung eines Richters) ZPO[1] auf die Entmythisierung eines Richters hin, der als ‚von Natur aus' entscheidungsfähig betrachtet werden kann, zum anderen

1 Siehe nur Zeiss/Schreiber (2009) 17–19, Rn. 45–51 mit Lit.; Paulus (2010) 71–76; Baumbach (2013) 156–160 zu § 41, 160–178 zu § 42 sowie Panzarola (2008) 175–222.

darauf, dass dem Richter unter bestimmten Umständen untersagt ist, seine Funktion auszuüben. Das Fortwirken des Richters in der verfahrensrechtlichen Dynamik ist davon abhängig, dass keine Hindernisse aus dem Kreis eines unmittelbaren Zusammenhangs mit dem Rechtsstreit (§ 41 Nr. 1 ZPO), der persönlichen oder gesetzlichen Beziehungen mit den Parteien (§ 41 Nr. 2, 2a, 3, 4 ZPO), der gleichzeitigen Zeugen- oder Sachverständigenschaft (§ 41 Nr. 5 ZPO), der aufgrund der Teilnahme an den vorherigen zusammenhängenden Verfahren oder Rechtszügen ersichtlichen Voreingenommenheit (§ 41 Nr. 6, 7, 8 ZPO) vorhanden sind[2]. Zwar ist ein Richter aus den genannten Gründen kraft Gesetzes von seinem Amt ausgeschlossen; diese Ausschlussgründe können jedoch, neben der Besorgnis der Befangenheit, zum Gegenstand der Begründung der Ablehnung seitens der Parteien werden (§ 42 ZPO[3]). Damit wird dem Parteiwillen

---

2 Vgl. Art. 51 der italienischen Zivilprozessordnung (codice di procedura civile; im Folgenden: c.p.c.): „Il giudice ha l'obbligo di astenersi: 1) se ha interesse nella causa o in altra vertente su identica questione di diritto; 2) se egli stesso o la moglie è parente fino al quarto grado, o è convivente o commensale abituale di una delle parti o di alcuno dei difensori; 3) se egli stesso o la moglie ha causa pendente o grave inimicizia o rapporti di credito o debito con una delle parti o alcuno dei suoi difensori; 4) se ha dato consiglio o prestato patrocinio nella causa, o ha deposto in essa come testimone, oppure ne ha conosciuto come magistrato in altro grado del processo o come arbitro o vi ha prestato assistenza come consulente tecnico; 5) se è tutore, curatore, procuratore, agente o datore di lavoro di una delle parti; se, inoltre, è amministratore o gerente di un ente, di un'associazione anche non riconosciuta, di un comitato, di una società o stabilimento che ha interesse nella causa. In ogni altro caso in cui esistono gravi ragioni di convenienza, il giudice può richiedere al capo dell'ufficio l'autorizzazione ad astenersi; quando l'astensione riguarda il capo dell'ufficio, l'autorizzazione è chiesta al capo dell'ufficio superiore codice di procedura civile". Diese Vorschrift scheint spezifischer als die entsprechende der deutschen ZPO: U. a. wird hier nicht nur auf dieselbe Rechtssache Bezug genommen, in der der Richter sich aussprechen sollte, sondern auch als Ausschlussgrund eine dieselbe Rechtsfrage betreffende Rechtssache erwähnt. Darüber hinaus werden einerseits die *inimicitiae capitales* als eigener Grund angesehen, andererseits die Ehefrau des Richters in ‚Ausweitung' von dessen Person berücksichtigt. Die Zufügung der „gravi ragioni di convenienza" (schwerwiegende Zweckmäßigkeitsgründe) führt die Figur der freiwilligen Enthaltung ein: vgl. etwa Giorgetti (2012) 867–881 mit w. N. S. auch Art. 341 der französischen Zivilprozessordnung (code de procédure civile; im Folgenden: code).

3 (1) Ein Richter kann sowohl in den Fällen, in denen er von der Ausübung des Richteramts kraft Gesetzes ausgeschlossen ist, als auch wegen Besorgnis der Befangenheit abgelehnt werden. (2) Wegen Besorgnis der Befangenheit findet die Ablehnung statt, wenn ein Grund vorliegt, der geeignet ist, Misstrauen gegen die Unparteilichkeit eines Richters zu rechtfertigen. (3) Das Ablehnungsrecht steht in jedem Fall beiden

praktisch die Rolle übertragen, ein Allgemeininteresse zu schützen. Ein objektiver bzw. subjektiver[4] Grund muss demgegenüber[5] vor der mündlichen Verhandlung geltend gemacht werden (§ 43 ZPO)[6] und ist einer gerichtlichen Prüfung unterstellt (§§ 44 f. ZPO)[7].

In der dazu entwickelten Rechtsprechung beziehen sich Ausschließungs- und Ablehnungsgründe auf die prozessrechtliche Fähigkeit des abgelehnten Richters, sein Amt in einem bestimmten Rechtsstreit mit Rücksicht auf seine persönlichen Verhältnisse zu einer der Parteien oder zu dem Streitgegenstand wahrnehmen zu können[8]. Diese „überwachte Freiheit" durch die Parteien einen Richter ersetzen zu lassen, ist keine moderne Errungenschaft nach einem Kampf um Rechte; sie hat sich

---

Parteien zu. S. dazu BGH, Beschluss vom 26. Oktober 2005, Az. AnwZ (B) 55/05, Rn. 6: „Gründe für ein solches Misstrauen sind gegeben, wenn ein Beteiligter von seinem Standpunkt aus bei vernünftiger, objektiver Betrachtung davon ausgehen kann, dass der Richter nicht unvoreingenommen entscheiden werde", BVerwG, Beschluss vom 14. November 2012, 2 KSt 1.11, Rn. 4: „Es genügt, wenn vom Standpunkt der Beteiligten aus gesehen hinreichende objektive Gründe vorliegen, die bei vernünftiger Würdigung aller Umstände Anlass geben, an seiner Unparteilichkeit zu zweifeln. Die rein subjektive Besorgnis, für die bei Würdigung der Tatsachen vernünftigerweise kein Grund ersichtlich ist, reicht dagegen zur Ablehnung nicht aus". Hier sowie im sogleich unten zitierten Urteil kommt die Vorschrift des § 42 ZPO kraft Verweises durch § 54 VwGO zur Anwendung.

4 Dazu aber in Bezug auf einen bestellten Sachverständigen LSG Bayern, Beschluss vom 9. Oktober 2012, Az. L 15 VJ 2/08, Rn. 10: „Rein subjektive, unvernünftige Vorstellungen des Ablehnenden sind irrelevant".

5 Vgl. Art. 52, 1. Abs., c.p.c.: „Nei casi in cui è fatto obbligo al giudice di astenersi, ciascuna delle parti può proporne la ricusazione mediante ricorso contenente i motivi specifici e i mezzi di prova": Giorgetti (2012) 884–890; Scarselli (2010) 217–226. S. auch Art. 344, 2. Abs., code: „La demande doit … indiquer avec précision les motifs de la récusation et être accompagnée des pièces propres à la justifier".

6 Vgl. Art. 52, 2. Abs., c.p.c.; Art. 342 code: „La partie qui veut récuser un juge doit, à peine d'irrecevabilité, le faire dès qu'elle a connaissance de la cause de récusation. En aucun cas la demande de récusation ne peut être formée après la clôture des débats".

7 S. Art. 53–54 c.p.c., vgl. Panzarola (2008) 243–291, insb. zur Entstehungsgeschichte des Art. 53, 2. Abs. c.p.c., und Giorgetti (2012) 890–900. Komplizierter ist das französischen Verfahren: Ist der abgelehnte Richter mit dem Parteiwillen einig, wird er ersetzt (Art. 348 code); sonst beginnt die Prüfung normalerweise vor der Cour d'appel (Art. 349–353 code).

8 „Besetzungsrügen betreffen hingegen die allgemeine, gerichtsverfassungsmäßige Fähigkeit des abgelehnten Richters, über das konkrete Verfahren hinaus als Richter tätig werden zu können. Im Unterschied zu einem Ablehnungsgrund, der die Mitwirkung eines Richters in einem konkreten Verfahren aus in seiner Person liegenden Gründen

vielmehr im Lauf der Zeit durchgesetzt und entspricht dem Ziel eines parteifreundlichen Verfahrens. Überraschenderweise stellte sich das Problem einer effizienten Einbeziehung der Parteien bei der Wahl des (von einer staatlichen Behörde – dem Prätor – beauftragten, trotzdem privaten) Richters schon in der römischen Zeit.

Gegenstand der folgenden Untersuchung ist daher die Behandlung dieser Fragekonstellation im römischen Zivilprozessrecht. Eine zentrale Rolle bei der Wahl des Richters spielte die Vereinbarung zwischen Kläger und Beklagtem, die den sachlichen und persönlichen Umfang des Verfahrens betraf. Im Formularverfahren ist dies die (ein *iussum iudicandi* enthaltende) *litis contestatio*, im Kognitionsverfahren die *delegatio* oder die Ernennung eines *iudex* (*datus* bzw. *pedaneus*[9]) und in der Schiedsgerichtsbarkeit das *receptum*. All diese Verfahrensgeschäfte erzeugten die bindende Wirkung hauptsächlich gegenüber dem Urteilsrichter oder dem Schiedsrichter.

Die im Laufe der Zeit jeweils geltenden Regelungen gewährleisteten die Beachtung der öffentlichrechtlichen Verhaltenspflichten (*officium iudicis*) – zunächst die Notwendigkeit, ein Urteil zu erlassen (vorbehaltlich des *non liquet*-Falles) – und gestatteten dem Richter, sich – unter angemessenen Bedingungen – von diesen freizustellen.

Im Formularverfahren gab es auch andere Bestimmungen (zumeist aus dem Bereich des Strafprozessrechts[10] – nämlich die *leges repetundarum* und *iudiciariae* sowie die Munizipalgesetze), die im Einzelnen die Bildung bestimmter Listen (*album iudicum*) vorsahen, um die verfügbaren Richter bzw. Schiedsrichter im Voraus wählen zu können und damit die Wahl für die Parteien zu vereinfachen.

---

in Frage stellt, richtet sich eine Besetzungsrüge gegen die allgemeine Amtstätigkeit des Richters". S. BGH, Beschluss vom 13. November 2008, Az. IX ZB 231/07, Rn. 14.

9 Zur Terminologie s. zuletzt Barbati (2012) 10–34.

10 Zur Fähigkeit der Parteien, Richter zu bestellen, vgl. Cic. *pro Cluent.* 43.120: *Neminem voluerunt maiores nostri non modo de existimatione cuiusquam, sed ne pecuniaria quidem de re minima esse iudicem, nisi qui inter adversarios convenisset; quapropter in omnibus legibus quibus exceptum est de quibus causis aut magistratum capere non liceat aut iudicem legi aut alterum accusare, haec ignominiae causa praetermissa est; timoris enim causam, non vitae poenam in illa potestate esse voluerunt* [Unsere Vorfahren wünschten, daß nur Richter sein dürfe, auf wen sich die Parteien geeinigt hätten, und zwar nicht nur, wenn es sich um Ruf und Ehre von jemandem handelt, sondern auch bei der geringsten Geldangelegenheit. Daher ist in allen Gesetzen, die vorschreiben, aus welchen Gründen man kein Amt bekleiden oder nicht zum Richter gewählt werden oder niemanden anklagen darf, diese Art von Bescholtenheit übergangen. Man wollte nämlich, daß mit der zensorischen Gewalt eine abschreckende Wirkung, nicht aber eine Strafe für das Leben verbunden sei: Fuhrmann (1970) 73].

Die Aufnahme in eine solche Liste war ein Erfordernis für die Befähigung zum Richteramt, da – besonders in älterer Zeit – sie die soziale und rechtliche Qualifikation bestimmte, um diese Funktion auszufüllen: z. B. Ingenuität, männliches Geschlecht, angemessenes Alter[11]. Die Zugehörigkeit zu den gelisteten Wählbaren war also ein Nachweis für deren notwendige persönliche Eigenschaften; die gelisteten Personen wurden abstrakt für geeignet und fähig gehalten, das *officium iudicis* zu erledigen, es sei denn, diese machten – nach der Wahl als Richter – konkrete Gründe für ihre tatsächliche Unverfügbarkeit geltend.

Es stand den Parteien jedoch frei, unabhängig von den Listen und vom spezifischen Vorliegen der Einschreibungserfordernisse einen bestimmten Richter zu verlangen, der nichtsdestoweniger den angegebenen allgemeinen Anforderungen genügen musste[12]. Die Bewertung oblag dabei dem Prätor, dem dabei verschiedene Juristen-*sententiae* an die Hand gegeben waren, in denen eine ganze Reihe von ausgesprochenen oder impliziten Hindernissen geschildert wird.

> Paul. 17 *ad ed.* D. 5.1.12.2. *Non autem omnes iudices dari possunt ab his qui iudicis dandi ius habent: quidam enim lege impediuntur ne iudices sint, quidam natura, quidam moribus. natura, ut surdus mutus: et perpetuo furiosus et impubes, quia iudicio carent. lege impeditur, qui senatu motus est. moribus feminae et servi, non quia non habent iudicium, sed quia receptum est, ut civilibus officiis non fungantur.*

> [Aber nicht alle können von denjenigen als Richter eingesetzt werden, die das Recht haben, einen Richter zu bestellen. Einigen ist es nämlich durch Gesetz untersagt, Richter zu sein, anderen aus natürlichen Gründen, wieder anderen aufgrund des Herkommens: aus natürlichen Gründen zum Beispiel dem der taub, stumm, dauernd geisteskrank oder unmüdig ist, weil all diesen die Urteilsfähigkeit fehlt; durch Gesetz ist es demjenigen untersagt, der aus dem Senat ausgeschlossen worden ist; aufgrund des Herkommens den Frauen und den Sklaven, nicht weil es ihnen an Urteilsfähigkeit mangelt, sondern weil anerkannt ist, dass sie keine bürgerlichen Ämter bekleiden können][13].

Taubstumme und Geisteskranke sowie Unmündige waren von Natur aus ausgeschlossen: Ihre Behinderung – Grund ihres Ausschlusses – leitet sich aus den physischen und psychischen Gegebenheiten ab, aufgrund derer sie ihre Umwelt nicht umfassend wahrnehmen können; die Gewohnheiten verboten das Ausüben ziviler Ämter auch Frauen und Sklaven. Anhand dieser Feststellungen zeigt sich deutlich, dass die Bemühungen der Jurisprudenz auf die Prüfung der

---

11 Mazcaud (1933) 1 ff., 40 ff.; Kaser (1964) 353 ff.; Behrends (1970) 54 ff.; Pugliese (1963) 215 ff.

12 S. dazu La Rosa (1989) 68 f.; Simshäuser (1992) 183 f.

13 Übersetzungen hier und anderswo aus Behrends u. a. (1995) 471 f.

Urteilsfähigkeit des künftigen Richters gerichtet waren. Dieser Gesichtspunkt wird vom folgenden Fragment aus Paulus' Kommentar *ad edictum* bestätigt:

Paul. 17 *ad ed.* D. 5.1.12.3. *Qui possunt esse iudices, nihil interest in potestate an sui iuris sint.*

Es kommt nicht darauf an, ob der Richter der *potestas* eines anderen Rechtssubjekts unterworfen ist oder nicht. Diese Stellung berührt nicht die Legitimation, eine Kontroverse zu beurteilen; die Entscheidungsbefugnis ist an den Status der Person nicht gebunden, sondern nur von der inneren Eignung für den Entscheidungsvorgang abhängig. Die Verbindung von Paul. 2 *quaest.* D. 5.1.46[14] mit Pap. 3 *quaest.* D. 5.1.39 pr.[15], die von zwei (dem äußeren Erscheinungsbild nach) sich widersprechenden – aber tatsächlich dieselbe Lage unter unterschiedlichen Gesichtspunkten behandelnden – Passagen spricht, bekräftigt die hier vertretene Annahme: Obwohl ein rechtmäßig bestellter Richter in der Folgezeit geisteskrank wurde, verbleibt er in seinem Amt, weil – sagt der Jurist – der Vorgang der *addictio* zu Beginn zulässig gewesen ist. Nur ein schwerwiegender Grund (mit religiöser Anknüpfung) konnte den Richter seines Amtes entbinden (*sed iudicandi necessitatem morbus sonticus remittit. ergo mutari debet*[16]). Kaum verständlich scheint hingegen der weitere Ansatz, dass auch eine (vermeintlich nicht beabsichtigte) wegen Geisteskrankheit anfechtbare Ernennung erhalten bleibt, sofern der Richter nicht *hodie* den Beschluss erlassen soll: die geistige Gesundheit des Richters bei der *addictio* war nämlich nicht erforderlich (D. 5.1.39 pr.: … *ut scilicet suae mentis effectus quod sententiae dixerit, ratum sit: neque enim in addicendo praesentia vel scientia iudicis necessaria est*[17]); entscheidend ist der Zeitpunkt des Urteilsspruchs. Die Urteilsfähigkeit steht im Mittelpunkt der rechtswissenschaftlichen Überlegungen; deswegen wird das römische Bürgerrecht nicht (mehr) verlangt (Gai 4.105, der ein *iudicium imperio continens* mit einem *peregrinus* als Richter beschreibt). Africanus (3 *quaest.*

14 *Iudex datus in eodem officio permanet, licet furere coeperit, quia recte ab initio iudex addictus est* rell. [Wer zum Richter bestellt ist, bleibt in diesem Amt, auch wenn er geisteskrank wird, weil er am Anfang rechtmäßig (…)]

15 *Cum furiosus iudex addicitur, non ideo minus iudicium erit, quod hodie non potest iudicare* rell. [Wenn ein von Geisteskrankheit Befallener als Richter bestellt wird, kommt es nicht etwa deswegen zu keinem Prozessrechtsverhältnis, weil er zur Zeit nicht urteilen kann (…)].

16 [Die schwere Krankheit entbindet ihn aber von der Notwendigkeit, ein Urteil zu sprechen; also muss er ausgewechselt werden].

17 [(…) Dies hat zur Folge, daß das, was er als Urteil erläßt – natürlich nachdem er wieder zu Verstand gekommen ist –, gültig ist. Für die Richterbestellung ist nämlich weder die Anwesenheit noch die Kenntnis des Richters notwendig]. Dazu vgl. Lanza (1987) 496 f., 507–512.

D. 5.1.77) lehnt – nicht unumstritten (s. im Folgenden das *plerisque placet*) – einen möglichen Interessenkonflikt bei privatrechtlichen Rechtsstreitigkeiten, der auf einer engen Beziehung zwischen einer Partei und dem Einzelrichter beruht, als Ausschlussgrund ab: *in privatis negotiis pater filium vel filius patrem iudicem habere potest* (vgl. den gleichlautenden Text betreffend die Schiedsgerichtsbarkeit aus Gai. 5 *ad ed. prov.* D. 4.8.6: *quin etiam de re patris dicitur, filium familias arbitrum esse posse: nam et iudicem eum esse posse plerisque placet*[18]).

Ein großer Unterschied zwischen dem Formular- und dem Kognitionsverfahren besteht im Ermessensspielraum der Parteien bei der Bestellung des Richters: Im ersteren darf der Prätor Kläger und Beklagtem nur mit deren Einverständnis einen geeigneten Richter zuteilen, d. h. *addicere* (dies erfolgt durch die *litis contestatio* im älteren Sinn[19]); im letzteren – bis auf Justinians Reform – verlieren die Parteien deutlich an Einfluss auf die Bestellung des Richters, da dieser unmittelbar vom Jurisdiktionsbeamten bestellt, delegiert oder *datus* wurde.

Es gibt aber auch eine andere Art der Richterauslese, die von den Kapiteln 86 und 87 der *lex Irnitana* beschrieben wird und die höchstwahrscheinlich mit kleinen Abweichungen vorher auch in Rom verwendet wurde[20]. Insbesondere im letzten Kapitel[21] der *lex Irnitana* wird die geschichtliche Spur der *recusatio* ersichtlich.

18 [Man nimmt an, ein Haussohn könne sogar in einer Rechtssache seines Vaters Schiedsrichter sein; denn nach herrschender Meinung kann er – im Zivilprozeß – auch Richter sein].

19 Sie ist durch einen Akt der Parteien geprägt, mit dem sie sich einem ihnen vom Prätor zugeteilten Spruchgericht unterwerfen: Vgl. Kaser/Hackl (1996) 285–295, 490–491 für das klassische Kognitionsverfahren, 587 ff. insb. 592–595 für das nachklassische Verfahren. Die *litis contestatio* wird schrittweise zu einem symbolischen Termin für die Durchführung von prozessualen Tätigkeiten und ist im justinianischen Verfahren der Zeitpunkt, bei dem die gegenseitigen Ansprüche mit der Erwiderung des Beklagten auf den Klagvortrag derart ausgesprochen sind, dass das *thema decidendum* als festgesetzt angesehen werden kann.

20 Vorsichtig Cardilli (1992) 40 f., der sich trotz der vermutlich vespanianischen Rahmenregelung für eine zeitlich und örtlich abhängige Einzelfallbewertung ausspricht. Vgl. Birks (1988) 37, Simshäuser (1989) 628, und allgemein Giménez Candela (1983) 130 f., González, Crawford (1986) 150 ff. sowie Luraschi (1989) 354 ff., Metzger (1997) 61–66 und jüngst Torrent (2010) 93–95, 101–103, 124.

21 Zeile 30 ff.: Rubrica: *de iudicibus reicie[ndis] dandis. Si inter duos quos inter de re privata lis controversia<ve> erit / et de qua iud[ic]em arb[i]trumve dari h(ac) l(ege) opo[r]te[bit n]on conveni / et quem iudicem arbitrumve ha[be]ant is q[ui] i[u]re d[icu]nd[o pr]/ae(e)rit facito uti reiectione{m} decuriarum facta, <ita> uti is qui a[get] / petetve aut si uter[qu]e aget p[et] e[tv]e is qui de mai{i}ore re aget mai/{i}oremve rem [petet] prior r[ei]ci[at] ex ea decuria quae reliqua e/rit alt[er]nos inter se reiciant dum is qui aget petetvue aut si / uterque aget*

Dort wird sie nämlich als *reiectio*[22] bezeichnet und tritt dann ein, wenn zwischen

pete[tv]e uter de mai{i}ore re aget maioremve rem / petet prior ex [i]mparibus <isque> quocum agetur aut a quo petetur / aut si uterque aget petetve qui de minore re aget minoremve / rem petet ex paribus prior reiciat adeo dum ex iis unus relin/qua{n}tur aut si uter eorum reicere decurias iudicesve nol{l}et / quem adversarius eius ex propositis iudicibus iudicem arbi/trumve habere volet aut si de aliquo municipe qui proposi/tus non sit neque IIvir aut aedilis aut quaestor sit inter eos / conveniet ut eum iudicem arbitrumve habeant nisi si ei de / quo conveniet morbus causae erit quo minus rebus iudican/dis operam dare possit aut is annorum LXV maiorve erit et / eam rem iudicare nol{l}et eum inter eos in eamque rem iudi/cem arbitrumve dato addic(i)to iudicare iubeto qui ita datus / addictus iudicareve iussus erit is iudica[t]o litem aestuma/to quodque {i}is hac lege iudicaverit litem aestumaverit // it [iustum ra]tumque esto [Wenn zwischen zwei – Personen – zwischen denen ein privater Rechtsstreit oder eine private Streitigkeit statt hat, und in diesem ein *iudex* oder ein *arbiter* nach diesem Gesetz bestellt werden muss und eine Einigung nicht zustande kommt, wen sie als *iudex* oder *arbiter* haben möchten, so soll derjenige, der der Gerichtsbarkeit vorsteht – nachdem die Ablehnung der Dekurien geschehen ist – bewirken, dass derjenige, der – einen Anspruch – einklagt oder – die Herausgabe einer Sache – gerichtlich verlangt oder, wenn beide einklagen oder gerichtlich verlangen, der den höheren Anspruch einklagt oder die höherwertige Sache herausverlangt, als erster ablehnt, – und – aus der Dekurie, die übrig geblieben ist, sie – die vorgeschlagenen *iudices* – abwechselnd ablehnen – sofern nur derjenige, der einklagt oder verlangt, oder, wenn beide einklagen oder verlangen, der von den beiden, der den höheren Anspruch oder die höherwertige Sache herausverlangt, aus einer ungeraden Zahl – aufgelisteter Namen – als erster ablehnt; und derjenige, gegen den geklagt oder von dem Herausgabe verlangt wird, oder, wenn beide klagen oder Herausgabe verlangen, derjenige, der den geringeren Anspruch einklagt oder die geringerwertige Sache herausverlangt, aus einer geraden Zahl – aufgelisteter Namen – als erster ablehnt bis von ihnen einer übrig bleibt. Oder, wenn einer von ihnen die Dekurien oder *iudices* nicht ablehnen will, soll er – der der Gerichtsbarkeit vorsteht – den, den der Prozessgegner von den vorgeschlagenen *iudices* als *iudex* oder *arbiter* haben will, zwischen ihnen und in dieser Sache als *iudex* oder *arbiter* bestellen, zuweisen und zu urteilen anweisen; oder, wenn über einen anderen Munizipalbürger, der nicht vorgeschlagen worden ist und auch nicht Duumvir oder Ädil oder Quästor ist, zwischen ihnen Einigkeit darüber besteht, dass sie ihn als *iudex* oder *arbiter* haben wollen, außer wenn ihm, über den Einigkeit besteht, Krankheit ein Grund ist, dass er die Arbeit der Prozessführung nicht leisten kann, oder älter als 65 ist und in dieser Sache nicht urteilen will. Die Person, die auf diese Weise bestellt, zugewiesen und zu urteilen angewiesen worden ist, soll urteilen und den Streitgegenstand einschätzen. Und was sie nach diesem Stadtrecht entschieden und wie sie den Streitgegenstand eingeschätzt hat: das soll rechtens und gültig sein]. S. eingehend Lamberti (1993) 174 ff., allgemein Wolf (2011) 28 f., 124–127, von dem die oben genannte Übersetzung stammt.

22 Vgl. ähnliche Formulierungen bereits in Cic. *Verr.* II 2.13.2 in Bezug auf einen Rechtsstreit zwischen einer Privatperson und einer Gemeinde (*quod privatus a populo petit*

den Parteien nicht von vornherein eine Einigung darüber zustande kommt, wen sie als *iudex* oder *arbiter* haben möchten. Dann soll derjenige, der der Gerichtsbarkeit vorsteht — nachdem die gegenseitige Ablehnung der Dekurien (drei Teillisten) geschehen ist — bewirken, dass beide Parteien in einer bestimmten Folge die vorgeschlagenen *iudices* abwechselnd ablehnen, bis einer übrig bleibt[23]. Die besondere Bedeutung des Parteiwillens zeigt sich darin, dass - wenn eine Partei die Dekurien oder *iudices* nicht ablehnen will - der Träger der Gerichtsbarkeit den vom Prozessgegner aus der Liste oder frei Gewählten in der Sache als *iudex* oder *arbiter* bestellen, zuweisen und zu urteilen anweisen soll. Diese sogenannte munizipale Richterbestellung wurde höchstwahrscheinlich aus der Normierung der *lex Iulia* hergeleitet und knüpft sehr eng an das stadtrömische Bestellungsverfahren an[24].

Letzteres hatte sich von dem erstgenannten dadurch unterschieden[25], dass der Kläger dem Beklagten aufeinanderfolgende Namen vorschlug, bis dieser einem Namen zustimmte. Sollte es nicht zu einer Einigung kommen, fand eine *sortitio* statt[26]. Auch das in der *lex Irnitana* vorgesehene mehrteilige Wahlverfahren (*conventio litigatorum intra album, reiectio, optio, conventio extra album*[27]) geht

---

aut populus a privato, senatus ex aliqua civitate qui indicet datur, cum alternae civitates reiectae sunt) sowie, in Zusammenhang mit dem Rekuperatorverfahren, im augusteischen *edictum de aquaeductu Venafrano* (*FIRA*. I² 67, Z. 67 ff.): *dum reciperatorum reiectio inter eum qui aget et eum quocum agetur ita fi[et ut ex lege, q]uae de iudiciis privatis lata est* [gemeint ist die *lex Iulia iudiciorum privatorum* von 17 v. Chr., die den Umfang des *reiectio*-Vorgangs von Strafverfahren auf Zivilrechtssachen erweitert hatte], *licebit oportebit*: In diesem Sinne auch Kap. 91 der *lex Irnitana*. S. noch Rodger (1989) 84–87 und Cardilli (1992) 63 f.

23 Vgl. Wolf (2011) 125, 127.

24 So u.a. Birks (1988) 36 ff., 41 f., 50 ff.; Simshäuser (1990) 547 f., ders. (1992) 185 ff.; Cardilli (1992) 41 f. Allgemein Metzger (1997) 61 ff.; Rodger (1989) 63 ff.

25 Siehe nur Pugliese (1963) 235 ff. und Kaser/Hackl (1996) 195 f. Fn. 33.

26 Für deren Rolle s. Lamberti (1993) 177 ff. In diesem Punkt ist Pugliese (1963) 236 f. nicht völlig überzeugt, dass ein solches Wahlsystem auch für Einzelrichter galt: Die Quellen bieten insofern keine für eine derartige Verallgemeinerung ausreichende Grundlage. Vgl. z.B. Ag. Urb. *de contr. agr.* [L. 74, 22–23]: *sortiri iudices*; Cic. *Verr.* II 2.13.32: *ut … praetor iudices ex P. Rupilii decreto … sortiatur* sowie 2.16.41; insbesondere Plin. *NH*. Praef. 6 ff., wo sich die Parallele zwischen *eruditi* und *iudices* auch sprachlich zeigt: *reiectio* mit den Schlüsselworten *nolo* (ich schließe aus) und *volo* (ich schließe ein oder ich schlage vor), die auch bei Plin. *Pan.* 36 vorkommen; *sortiatur aliquis iudicem an eligat*; *in hoc albo*; in diesem Sinne Cardilli (1992) 62 f.

27 Die aber gegen die Meinung Cardillis (1992) 54 keine „schemi di scelta" sind - sofern darunter nicht alternative Wahlmöglichkeiten verstanden werden können, sondern mögliche Phasen eines einheitlichen Verfahrens, das die Richterernennung bezweckt.

in erster Linie von der Einigung der Parteien aus, die erst nach einer Reihe von *reiectiones* zu erreichen war.

Zwar hat der „positive Wille“ Vorrang gegenüber einem „negativen“, ohne spontane Zustimmung ist es jedoch erforderlich, mit den *reiectiones* zu beginnen und sie fortsetzen, bis ein „nicht ausgeschlossener“ Richter übrig bleibt, wobei zu beachten ist, dass die letzte Auslese immer dem Beklagten zusteht[28]. Im Fall der Weigerung einer Partei, bei einem solchen Verfahren mitzuwirken, d. h. eines behindernden „negativen“ Verhaltens, war der Magistrat verpflichtet, denjenigen zu bestellen, zuzuweisen und zu urteilen anzuweisen, den der Prozessgegner von den vorgeschlagenen *iudices* als *iudex* oder *arbiter* haben wollte (*quem adversarius eius ex propositis iudicibus iudicem arbitrumve habere volet*). Die negative Haltung wird deswegen in eine implizite, künstliche Zustimmung zu der einseitigen Bestellung umgedeutet und kann nicht als *optio iudicis* bezeichnet werden[29]. Die letzte Art der Auslese macht die Richterwahl noch einmal von einem Einverständnis beider Parteien abhängig, neben dem zusätzlich die Prüfung durch den Träger der Jurisdiktion nötig war. Der Sinn und Zweck dieser Regelung könnte – gegen die Meinung La Rosas[30] und mit der herrschenden Lehre[31] – auch mit dem städtrömischen regulatorischen Rahmen übereinstimmen und einen Beweis für die mögliche außerlistige Richterwahl darstellen. Im Gegensatz dazu hatte die *opinio* Callistratus'[32] aufgrund des Bezugs auf einen nicht qualifizierten benannten Richter kaum Bedeutung[33].

---

28 Vgl. Cardilli (1992) 56 ff. mit Literatur. Es handelt sich mehr um das ‚Entblättern‘ eines Kandidatenbündels als um einen konstituierenden Konsens.

29 A.A. Cardilli (1992) 65.

30 La Rosa (1958) 34–40; La Rosa (1965) 241 ff. und La Rosa (1989) 69 f.

31 Vgl. nur Cardilli *passim*; Lamberti (1993) 176 f. mit Fn. 116.

32 1 *ed. mon.* D. 4.8.41: *Cum lege Iulia cautum sit, ne minor viginti annis iudicare cogatur, nemini licere minorem viginti annis compromissarium iudicem eligere: ideoque poena ex sententia eius nullo modo committitur. maiori tamen viginti annis, si minor viginti quinque annis sit, ex hac causa succurrendum, si temere auditorium receperit, multi dixerunt.* [Da durch die lex Iulia bestimmt ist, daß ein Mündiger unter zwanzig Jahren nicht gezwungen werden darf, ein Urteil zu erlassen, ist es auch niemandem erlaubt, einen Mündigen unter zwanzig als Schiedsrichter zu wählen, und daher kann im Hinblick auf den Schiedsspruch eines solchen Minderjährigen eine Strafe unter keinen Umständen verfallen. Doch muss jemandem, der älter als zwanzig, aber jünger als fünfundzwanzig Jahre ist, nach Ansicht vieler Juristen in dieser Sache geholfen werden, wenn er unbedacht das Richteramt übernommen hat].

33 Vgl. in diesem Sinne zur Bestellung von Richtern libertinischen Ursprungs: Camodeca (1992) 97 ff., 102 (unter TPSulp. 22 und TP. 9, 24, 34).

Hierzu sind die Quellen jedenfalls nicht zahlreich.

Festus (2. Jh. n.Chr.) bezieht sich auf die Bedeutung des Wortes *„procum"* [L. 290]: *est enim procare poscere, ut cum dicitur in iudice conlocando „si alium procas" „nive eum procas", id est poscis*; fraglich ist der Umfang sowie die Zuverlässigkeit dieser Quelle[34]: Wer widmet sich wem? Inwieweit sind diese Formulierungen an die Bestellung eines Richters gebunden? Die zweite Frage könnte zweifelsohne gelöst sein, wenn es bei der *conlocatio iudicis* um nichts anderes als dessen Ernennung ginge[35]. Die erste Frage bleibt problematisch: Steht die Richterbestellung bei Fehlen einer Parteivereinbarung ausschließlich dem Magistrat zu oder richtet sich die beschriebene Tätigkeit immer noch nach dem Parteienwillen, auf den hier angespielt wird? Ungeachtet der Antwort[36] besteht eine Schlussfolgerung tatsächlich darin, dass Festus jedenfalls damit feststellt, dass es dem Kläger bzw. dem Beklagten gestattet sei, ein Ablehnungsrecht wahrzunehmen.

Diese Feststellung wird von einer Passage aus Ciceros *de oratore*[37] in Bezug auf die Legisaktionen bestätigt, ist aber wohl auf das Formularverfahren auszudehnen[38]. Daraus könnte man nochmals einen Vorgang herleiten, der eine grundlegende Abweichung von dem aus der *lex Irnitana* Bekannten zeigt: In Rom wurde der Vorschlag der Namen durch den Kläger (*procari*) gegenüber dem Beklagten vorgenommen, der ihn akzeptieren bzw. ablehnen durfte (*eierare*)[39], im Munizipium dagegen ist jede Partei zu einer direkten Ausschließung des Namens berechtigt.

---

34 Skeptisch äußert sich Mazeaud (1933) 112, insbesondere zum Zweck einer Retroprojektion des Institutes in die republikanische Zeit.

35 Meines Erachtens ist mit *dicitur* nicht die übliche, zur varronischen Triade *dare, dicere, addicere* gehörende prätorische Tätigkeit gemeint; dazu s. Cardilli (1992) 60 f.

36 Nach Pugliese (1963) 236 ist es wahrscheinlich, dass die Anfrage vom Kläger formuliert wurde und den Beklagten zum Adressaten hatte. Dagegen überzeugend Broggini (1957) 18 f. und Behrends (1970) 74 f.

37 2.70.285: *Placet etiam mihi illud Scipionis illius, qui Ti. Gracchum perculit: cum ei M. Flaccus multis probris obiectis P. Mucium iudicem tulisset; „eiero" inquit „iniquus est"; cum esset admurmuratum, „ah," inquit „P. C., non ego mihi illum iniquum eiero, verum omnibus"* [Auch gefällt mir die Äußerung jenes Scipio, der den Tiberius Gracchus erschlug. Als ihm Marcus Flaccus unter vielen Lästerungen den Publius Mucius zum Richter vorschlug, sagte er: ‚Diesen lehne ich feierlich ab; er ist übelgesinnt'. Als sich hierüber ein Gemurmel erhob, fuhr er fort: ‚Ach, versammelte Väter, ich lehne ihn ab, nicht weil er gegen mich übelgesinnt ist, sondern weil er es gegen alle ist'].

38 Pugliese (1963) 236.

39 Lamberti (1993) 174 f.

Eine ganz andere Frage ist, ob eine solche Ablehnung gerechtfertigt bzw. begründet werden musste oder bis zum übersteigerten Ergebnis einer durchgehenden Nichtannahme aller gelisteten Namen ganz im freien Ermessen der Parteien lag.

Der oben genannte ciceronianische Befund spricht dafür, dass bestimmte objektive, von der Öffentlichkeit anerkannte (*omnibus*[40]) Kriterien dem Verfahren zu Grunde lagen, die anders als ein formaler allgemeiner Befähigungsgrund vielmehr als substantieller Hinderungsgrund für die Benennung galten: Was in diesem Zusammenhang bei der Richterwahl zählt, ist die *aequitas* als persönliches Merkmal. Deswegen ist einerseits festzustellen, dass der Ablehnung immer ein Motiv zugrunde liegen muss, das möglicherweise bezüglich seiner Zulässigkeit vom Magistrat geprüft werden kann, nachdem die Parteien es beschworen hatten; andererseits schien es zweckdienlich, diese Befugnis zu beschränken, zumal eine *conventio extra album* immer eröffnet war.

Es ist jedoch kaum vorstellbar, dass das Schutzziel, die Freiheit der Partei nicht in reine Willkür ausarten zu lassen, so weit ging, dass ein Eid für jede Zurückweisung geleistet werden musste und dafür ein zu bestätigender rechtfertigender Grund angeführt werden musste[41]. Das wäre in der Tat ein ziemlich aufwändiges, anstrengendes Verfahren gewesen.

Es bestand auch für die in ein Verfahren der republikanischen/frühkaiserlichen Zeit verwickelten Parteien die Möglichkeit, einen ihnen unangenehmen Richter, trotz Erfüllung der Anforderungen (bzw. des Nichtvorliegens der Hindernisse), aus beliebigen Gründen vor dem Akt der Streiteinsetzung (*litis contestatio*)[42] abzulehnen. Dies war keineswegs eine Erfindung der spätklassischen Zeit.

In dieser Konstellation stehen sich ein Ausschließungs- und ein Entschuldigungsgrund[43] gegenüber: Der erste galt vor der Richterernennung und hatte die

---

40 Es dürfte sich aber um eine verstärkende rhetorische Fiktion handeln.

41 In diesem Sinne zutreffend Hameda (1706) 7: „*solaque protestatio aut ejeratio contra Judicem, sine alia causae probatione … sufficiebat*"; Schulting (1708) 91 f.

42 *E multis* Kaser/Hackl (1996) 286 mit Fn. 1. Für die Benennung und für die endgültige Ernennung des Richters war ein „doppelter Konsens" erforderlich, sowohl bei der Annahme des Namens als auch bei der Bejahung der *litis contestatio*.

43 Serrao (1995) 141 ff., spricht von der klaren Unterscheidung zwischen der Weigerung eines Dichters, seine Kunst auszuüben (*recusatio*), und seiner Enthaltung aufgrund einer Unfähigkeit (*excusatio*). Im Begriff *recusatio* liegt ein Bedeutungsbündel vor, das einerseits eine Nichtannahme, andererseits eine Beschwerde oder eine Erwiderung impliziert; vgl. etwa Heumann, Seckel (1907) 496, 501. In Tac. *dial. de orat.* 5 wird die im Text beschriebene Unterschiedlichkeit (und damit die jeweilige Funktion) noch deutlicher gemacht: ‚*ego vero … antequam me iudicem Aper recuset, faciam quod*

Ablehnung eines zu bestellenden Richters durch die Parteien zur Folge; der zweite fand dagegen nach der Richterernennung Anwendung und war ein vom Richter selbst geltend gemachter Befreiungsgrund, der „von der Übernahme irgend eines Amtes [*honos* oder *munus*] entbindet“[44].

Die Funktion sowie der Zeitpunkt der Ablehnung bleiben auch im Laufe der Zeit und der geschichtlichen Verfahrensentwicklung entsprechend erhalten, nämlich im Kognitionsverfahren, wobei „der Gerichtsherr alle Verfahrenschritte beherrscht“[45]. Die Verstaatlichung der nunmehr in Person des *princeps* (des delegierten Funktionärs oder des zugewiesenen Richters) konzentrierten Jurisdiktion setzte sich mit dem Wegfall der Einsetzung eines unter Mitwirkung des Klägers und des Beklagten ausgewählten Richters sowie mit dem Wegfall der Festsetzung eines von den Parteien beschlossenen Prozessprogramms durch. Der Ausfall der direkten Wahlmöglichkeit der Parteien machte die Bekräftigung ihrer Ablehnungsrechte unentbehrlich, damit ein angemessener Interessenausgleich zwischen den Belangen der Parteien und den Verfahrenserfordernissen stattfinden konnte.

Das ‚neue‘ (alte) Institut war die *recusatio*[46], die als solche gegen die Wahrnehmung hoheitlicher Befugnisse (die Anweisung von judikatorischer Gewalt) wirkte und insofern einer bestimmten Regelung bedurfte. Von einer grundlegenden

---

probi et modesti iudices solent, ut in iis cognitionibus excusent, in quibus manifestum est alteram apud eos partem gratia praevalere [Ich aber ... werde, ehe mich Aper als Schiedsrichter zurückweist, das tun, was rechtschaffene und gewissenhafte Richter zu tun pflegen, nämlich das Richteramt bei den Untersuchungen ablehnen, bei denen es auf der Hand liegt, daß die eine der beiden Parteien bei ihnen an Gunst überwiegt: Volkmer (1967) 11].

44 So Klingmüller (1909) 1578. Dazu vgl. auch Rampazzo (2012) 179–189. In diesem Zusammenhang ist die *excusatio* Folge eines hindernden Grundes, der seinen Ursprung in der Person des Verpflichteten hat, während die *recusatio* von äußeren Gründen herrührt und normalerweise nicht die persönliche Fähigkeit, sondern die Vereinbarkeit des Tätigwerdens des Richters mit einem fairen Verfahren betrifft. Es muss im ersten Fall ein gebilligter rechtfertigender Grund vorhanden sein, der im zweiten Fall entbehrlich ist. Die Wirkungen sind ohnehin teilweise unterschiedlich: Aufgrund einer *excusatio* kann der Richter nicht mehr entscheiden; hingegen darf er sich bei der *recusatio* nicht mehr (oder, im Falle des ordentlichen Richters, nicht mehr allein) zur Sache selbst aussprechen.

45 Kaser/Hackl (1996) 442.

46 Dazu Hameda (1706) 7–10. S. hauptsächlich Litewski (1999) 39 ff. Für die Weiterentwicklung im römisch-kanonischen Prozess vgl. ausführlich Camacho (1699), Fowler (1972), Pérez Heredia (1977) *passim* und jetzt Panzarola (2008) 99–160 sowie Nörr (2012) 15–18.

Gleichwertigkeit mit der *reiectio* kann man wohl ausgehen, wie auch von einem vergleichbaren Zweck (das Verfahren so weit wie möglich objektiv und unverdächtig zu führen). Der einzige Unterschied besteht darin, dass die *reiectio* auf ein positives Ergebnis gerichtet ist (d.h. Auswahl durch Ausschluss), während die *recusatio* zu einer negativen Folge führt (d.h. Ausschluss durch Auswahl). Das nunmehr fast einheitlich in den normativen Formulierungen benutzte Wort ist zwar *recusare*, es entspricht aber im Grunde der anderen Wortgruppe von *reicere*[47], *refutare*, *repudiare*[48], *refugere*[49] und ist deshalb keineswegs eine Erfindung des normativen Denkens in der Kaiserzeit.

Vor der justinianischen Regelung wissen wir ganz wenig über die Entwicklung dieses Instituts: Hadrianus erließ ein *rescriptum*, wonach die unmittelbare Benennung eines spezifischen Richters verboten war: *Observandum est, ne is iudex detur quem altera pars nominatim petat: id enim iniqui exempli esse divus Hadrianus rescripsit* [rell.] Call. 1 *quaest.* D. 5.1.47; und Ammianus[50] informiert darüber, dass Valentinianus I. anscheinend gegen das prozessrechtliche Interesse an der Unparteilichkeit des Richters gehandelt habe, indem er die Parteien gezwungen habe, ihre Ansprüche auch vor verdächtigen Richtern geltend zu machen[51]. Begrüßt wurde deswegen das Bestreben Justinians, den guten Glauben

47 Cic. *Verr.* II 3.28, 70, 95.

48 Nov. 53.3.

49 Cic. *pro Roscio Com.* 45.

50 *Res gestae* 27.7.8: *ad hanc inclementiam illud quoque accedebat dictu dirum et factu quod, siquis eum adisset iudicium potentis inimici declinans, aliumque sibi postulans dari, hoc non inpetrato ad eundem, quem metuebat, licet multa praetenderet iusta, remittebatur* [Zu dieser übertriebenen Härte kam noch etwas hinzu, was furchtbar zu sagen wie zu tun ist. Wenn jemand einen mächtigen Feind als Richter ablehnte und den Kaiser bat, ihm einen andern zu geben, hatte er keinen Erfolg mit seiner Bitte, sondern wurde an den zurückverwiesen, den er fürchtete, auch wenn er noch so viele Gerechte vorbrachte: Seyfarth (1971) 75].

51 Vgl. Schulting (1708) 92–94. Ulpianus (4 *app.* D. 49.12.1) sagte, dass im Gegensatz zu altem Recht die Freiheit der Rekusation ausfiel und die Parteien an den zugewiesenen Richter gebunden waren: *Si quis ex alia causa appellaverit a iudice, an in alia causa eundem iudicem habere necesse habeat, videamus. et hodie hoc iure utimur, et, tametsi appellatio interposita sit, tamen apud eundem iudicem, a quo quis provocavit, compelletur alias causas si quas habet agere: nec utetur hoc praetextu, quasi ad offensum iudicem non debeat experiri, cum possit denuo provocare* [Wenn jemand in einer Rechtssache vom Richter appelliert hat, so fragt sich, ob er in einer anderen Rechtssache den nämlichen Richter annehmen müsse? Und heut zu Tage ist es Rechtens, dass, wenngleich die Appellation eingewendet worden ist, man demohngeachtet vor demselben Richter, von welchem man die Berufung ergriffen hat, andere Rechtssachen, wenn man

und die Zusammenarbeit von Kläger und Beklagtem zu fördern[52]. Der legislative Ursprung der ‚spätklassischen' Ablehnung wird mit der im Jahre 527 erlassenen *lex* (C. 3.1.12.1[53]) gleichgesetzt[54]:

> Εἰ δὲ καὶ παραιτεῖταί τις τὸν δικαστὴν εὐλόγως πρὸ πρὸκατάρξεως, ἐκ θείας προσελεύσεως ἑτέρου τεύξεται δικαστοῦ ἢ συνδικαστοῦ ἢ καὶ ἀλόγως παραιτησάμενος ὠθισθήσεται· μετὰ γὰρ προκάταρξιν δικαστὴς ἕτερος ἢ συνδικαστὴς μὴ αἰτείσθω.

Die Zulässigkeitsvoraussetzungen waren eine termingemäße (vor Streiteinsetzung vorliegende) Erklärung und das Vorliegen eines rechtfertigenden Grundes. Obwohl kein Grund genannt wird, ist jedoch anzunehmen, dass er in der Regel in einem Mangel der Unabhängigkeit und Unparteilichkeit bestand. Die oben angesprochene Frage, ob und, falls ja, wie die Prüfung der Begründetheit durchgeführt wurde, bleibt ungelöst. Anhand des Erfordernisses einer begründeten *recusatio* ist die Möglichkeit von deren Zurückweisung für die Beantwortung der ersten Teilfrage schlüssig; bezüglich der zweiten Teilfrage war der Richter der *recusatio* anscheinend der Kaiser selbst, zumindest gegenüber den von ihm delegierten Richtern[55]. Die getroffene Maßnahme konnte darin bestehen, dass ein neuer Richter oder ein Mitrichter bestellt wurde, der letztlich anstelle des abgelehnten Richters oder zusammen mit diesem die anhängige Sache entschied. Ein συνδικαστής hätte dann eine Art Kontrollfunktion gehabt, damit das Verfahren ohne Verdacht bis zu seinem Ende geführt werden konnte.

---

deren hat, führen müsse; und man kann sich des Vorwandes nicht bedienen, dass man bei einem Richter, den man gleichsam beleidigt habe, nicht Recht zu nehmen habe, indem man ja von Neuem die Berufung ergreifen kann: Otto (1832) 4, 1078].

52 So Schulting (1708) 3.

53 [Wenn aber jemand aus triftigen Gründen vor der Litiscontestation den Richter ablehnt, so wird in Folge der Anrufung Unserer Hoheit ein Anderer Richter oder Mitrichter dazu bestellt werden. Nach der Litiscontestation aber soll, auch wenn er aus triftigen Gründen – den Richter – abzulehnen scheinen wird, kein anderer Richter oder Mitrichter verlangt werden …: Otto u. a. (1832) 5, 401]. Vgl. Bas. 7.6.12.

54 So mit Recht Litewski (1999) 41 f. Anderer Meinung Kaser/Hackl (1996) 532 Fn. 58, 595 Fn. 87.

55 Zu diesen Einzelheiten s. Litewski (1999) 45; vgl. Schulting (1708) 125 nach dessen Meinung richtete sich die Konstitution Kostantins (C. 3.13.4) trotz der Erwähnung der *sedes ordinaria* nämlich nur an delegierte Richter: „*per recusationem personae certae notio tantum evitatur, non vero forum vel sedes judicis, cujus in illa lege expressa sit mentio*". Dem verdächtigen ordentlichen Richter wurde regelmäßig ein Pontifex oder ein anderer Mitrichter zur Seite gestellt: Die ‚Assoziation' trat an die Stelle der ‚Substitution', vgl. dazu Schulting (1708) 47 f.

Nach wenigen Jahren wurden zwei weitere Konstitutionen erlassen (C. 7.45.16, a. 530[56] und C. 3.1.16, a. 531[57]). Die erste hatte das Ziel, eine in der Rechtspraxis

---

56 *Cum solitum est in sententiis iudicum sic interlocutionem proferri, ut non liceat partibus ante definitivam sententiam ad appellationis vel recusationis venire auxilium, quidam putabant non licere ante litem contestatam nec iudicem recusare, quemadmodum nec ab eo appellare. cum enim simul utrumque vocabulum ponitur tam appellationis quam recusationis, provocatio autem ante litem contestatam non potest porrigi, putabant, quod nec recusare quidem iudicem cuidam conceditur ante litem contestatam. quod minime vetitum est. caveant itaque iudices huiusmodi sermonem simul et sine certa distinctione proferre* [Da es Regel ist, dass in den Erkenntnissen der Richter die Zwischenurteile dergestalt erteilt werden, dass den Parteien nicht erlaubt ist, vor ergangenem Endurteil zu dem Rechtsmittel der Appellation oder Recusation zu schreiten, so waren Einige der Meinung, es sei vor der Einleitung des Verfahrens weder Recusation des Richters noch Appellation von ihm erlaubt. Denn da die beiden Ausdrücke, Appellation und Recusation zusammen gestellt sind, Berufung aber vor der Einleitung des Verfahrens nicht erteilt werden kann, so glaubten sie auch, dass es nicht erlaubt sei, vor Einleitung des Verfahrens den Richter zu recusiren; allein dies ist keineswegs verboten. Es mögen sich daher die Richter vorsehen, diesen Ausdruck nicht zugleich und ohne bestimmte Unterscheidung zu gebrauchen: Otto (1832) 6, 98]. Dazu Litewski (1997) 209–211.

57 *Apertissimi iuris est licere litigatoribus iudices, antequam lis inchoetur, recusare, cum etiam ex generalibus formis sublimissimae tuae sedis statutum est necessitatem imponi iudice recusato partibus ad eligendos venire arbitros et sub audientia eorum sua iura proponere. licet enim ex imperiali numine iudex delegatus est, tamen quia sine suspicione omnes lites procedere nobis cordis est, liceat ei, qui suspectum iudicem putat, antequam lis inchoetur, eum recusare, ut ad alium curratur libello recusationis ei porrecto, cum post litem contestatam neque appellare posse ante definitivam sententiam iam statuimus neque recusare posse, ne lites in infinitum extendantur: eodem scilicet exsecutore necessitatem partibus per ordinarium iudicem et omne civile auxilium imponente et arbitros eligere et apud eos venire et sic lite apparente, quasi arbitri fuerint ab imperiali culmine delegati. quod et, si ab imperiali maiestate iudex delegatus non sit, sed ab alio culmine, obtinere censemus* [Es ist ein ganz bekannter Rechtssatz, dass die Streiter die beauftragten Richter vor der Litiscontestation ablehnen dürfen, da auch durch die allgemeinen Vorschriften deines hohen Sitzes bestimmt worden ist, dass die Parteien, wenn sie den Richter abgelehnt haben, die Verbindlichkeit auferlegt werde, zur Wahl von Schiedsrichtern zu schreiten und unter deren Leitung und Entscheidung ihre Rechte auszuführen. Denn wenngleich ein Richter von Unserer kaiserlichen Hoheit beauftragt worden ist, so soll es doch, weil es Uns am Herzen liegt, dass alle Prozesse ohne Verdacht vor sich gehen sollen, demjenigen, welcher diesen Richter für verdächtig hält, freistehen denselben vor der Litiscontestation abzulehnen, um zu einem anderen zu gehen, nachdem er jenem die Ablehnungsschrift überreicht hat, da Wir schon verordnet haben, dass nach der Litiscontestation weder vor dem Endurtheil

verbreitete Voreingenommenheit der Beteiligten zu beseitigen, die darin bestand, dass sich die Parteien von der möglichen Ablehnung des ernannten Richters aufgrund unangemessener Zwischenurteile (*interlocutiones*) abhalten ließen, durch die die Richter Beschwerden (darunter *appellationes* und *recusationes*) vor dem Erlass einer endgültigen Entscheidung am Anfang des Verfahrens verboten. Demgegenüber verwandelte sich der eine Rekusation rechtfertigende Grund in einen Berufungsgrund, weil es widersinnig ist, den Richter nach dem Urteilsspruch abzulehnen. Nicht zuletzt regte die Verlängerung des Verfahrens[58] zusammen mit der Achtung der Belange der Parteien den Kaiser an, eine Regelung vorzusehen, die einen konkreten aufklärenden Auslegungscharakter hatte und die die Rekusation in ihrer Funktion als Beschwerdemittel bestätigte, das der Streiteinsetzung vorausgehen sollte.

In der inhaltlich gleichwertigen aus dem Jahr 531 stammenden Konstitution werden die wichtigsten Tatbestandmerkmale der Ablehnung wie folgt dargestellt: die *ratio* einen Rechtsstreit *sine suspicione* (aber auch schnellstmöglich: *ne lites in infinitum extendantur*) zu entscheiden; (deswegen) Einlegen der Beschwerde vor Streiteinsetzung (*antequam lis inchoetur*); Erachten des Richters als verdächtig durch mindestens eine Partei, auch ohne dass ein Grund vorliegt. Erstens wird eine Interessenabwägung durchgeführt, damit Transparenz und Billigkeit des Verfahrens sichergestellt werden und sein Abschluss nicht verzögert wird; zweitens wird ein Termin festgesetzt, nach dem keine Appellation vor der endgültigen Entscheidung eingeleitet[59] und kein Richter abgelehnt werden darf; drittens

---

appelliert werden, noch ein Richter abgelehnt werden könne, damit nicht die Prozesse ins Unendliche ausgedehnt würden; indem nämlich eben derselbe Exsecutor den Parteien durch den ordentlichen Richter und jedes zivilrechtliche Hilfsmittel die Verbindlichkeit auferlegt, sowohl Schiedsrichter zu wählen, als auch zu denselben zu kommen, und den Prozess so emsig zu betreiben, als wären die Schiedsrichter von der kaiserlichen Majestät, sondern von einer anderen erhabenen Person beauftragt worden ist: Otto (1832) 5, 410]. Nach Erachten Litewskis sind unter solchen *arbitri* delegierte Richter zu verstehen, die sich mit der Sache befassen, und mangels Appellation gegenüber deren Urteilen (L. beruft sich dabei auf C. 2.55.1) nicht als Schiedsrichter betrachtet werden können (in diesem Sinne auch Hameda [1706] 10 und Schulting [1708] 139 f.). Es ist aber denkbar, dass man sich die von den Parteien direkt gewählten (Schieds)Richter nicht als delegiert vorstellen darf; sie sind vielmehr mit einer Befugnis zur Entscheidung versehen, deren Vollstreckung vom *exsecutor negotii* durchgeführt wurde.

58 Vgl. auch C. 7.62.36 (a. 527) wo ein Appellationsverbot *ante definitivam sententiam* angeordnet wird: S. etwa Zilletti (1965) 228–233.

59 S. Vincenti (1986) 114 f.

soll der Zurückweisungsantrag die Ablehnung eines vom Kaiser oder anderen Beamten delegierten Richters, der als verdächtig erachtet wurde, zum Gegenstand haben. Infolgedessen werden die Parteien nach der genannten Regelung gezwungen, binnen drei Tagen einen (s. C. 3.1.18) oder mehrere Schiedsrichter zu bestellen und bei diesem/n die Sache entscheiden zu lassen, als ob er/sie vom Kaiser delegierte(r) Richter wäre(n)[60]. Nach Einreichen eines besonders darauf gerichteten *libellus* konnten sich die Parteien an andere Richter wenden. Im Ergebnis achtete der Kaiser darauf, dass die Rekusation *post litem contestatam* (aus evidenten Rechtsgründen: *apertissimi iuris est*) und die Appellation *ante definitivam sententiam* nicht vorgenommen werden durften.

Die andere Konstitution aus demselben Jahr (C. 3.1.18) betrifft den Fall des den Parteien obliegenden Zwanges, den *libellus recusationis* beim abgelehnten Richter einzureichen, sofern dieser in einer anderen *civitas* wohnhaft war, so dass die Überreichung nur *longo itinere* erfolgen konnte. Die gesetzliche Erlaubnis, gegenüber anderen Beamten die Erklärung zu äußern (gegenüber dem *praeses*, bei dessen Abwesenheit gegenüber dem *defensor locorum* oder den *duumviri municipales*) ist die von Justinian geschaffene Lösung für denjenigen, der *suspectum eum* [den *specialem iudicem datum*] *sibi esse dicit*. Weder ein Grund noch die Notwendigkeit, einen solchen anzuführen, werden erwähnt. Es reicht dann die einfache Behauptung der Partei zur vermutlich verdächtigen Natur des Richters, ohne dass sie näher dargelegt oder geprüft werden müsste. Ein solches Vorgehen steht aber möglicherweise dem normativen Zweck entgegen, einer Verfahrensverlängerung vorzubeugen.

Aus dem Novellenmaterial können eingehende Anhaltspunkte dafür hergeleitet werden, dass ein ständiger Ausgleich zwischen den Interessen der Parteien und den staatlichen Verfahrensregeln stattfand. Besonders bedeutsam war das Zugeständnis eines Mindestzeitraums an die Partei, in welchem sie zur Entscheidung über die Rekusation den Sachverhalt angemessen bewerten durfte. Es ergibt sich z. B., dass gegen eine stark die Rechte des Beklagten beschneidende Praxis ein zwanzigtägiges *tempus deliberandi* seit Ladung und Zustellung der Klageschrift (für den Kläger blieb die Schranke der *litis contestatio*) vorgesehen war, damit die Partei in der Lage war, entweder den (delegierten[61]) Richter abzulehnen bzw. einen zusätzlichen Mitrichter zu verlangen oder den gegenseitigen Anspruch anzuerkennen und darüber einen Ausgleich zu finden (Nov. 53.3.1: ὥστε εἴτε

60 Vgl. Kaser/Hackl (1996) 532, 549, und allgemein Vincenti (1986) 106 ff.

61 So etwa Litewski (1999) 50, vgl. ders., ebenda in Bezug auf einen ordentlichen Richter (Nov. 86.2, a. 539).

παραιτήσασθαι βουληθείη εἴτε καὶ συνδικαστὴν αἰτῆσαι[62]). Sollte die Beachtung dieser Zeitspanne unterbleiben, sei die *litis contestatio* nichtig. (53.3.2· ἀντὶ μηδενὸς αὐτὴν [scil. προκάταρξις] εἶναι). In Kapitel 4 dieser Konstitution finden wir auch eine Beschränkung der möglichen *recusationes*: es liegt nahe, dass eine *recusatio* nur einmal vorgenommen werden durfte, um unrechtmäßige Verzögerungen des Prozesses zu vermeiden.

Auch die Appellation scheint vom selben Schutzzweck inspiriert zu sein wie die Rekusation: Beide dienten als Hilfsmittel für die Parteien. In diesem Sinn sah eine Konstitution von Arcadius und Honorius (a. 399, CTh. 11.30.58 pr., vgl. auch C. 7.62.30[63]) ein auf die Vermeidung eines Urteils durch einen verdächtigen Richter gerichtetes Berufungsrecht[64] vor; der Appellationsbegriff sollte im weiteren Umfang verstanden werden: Die Appellation ist ein umfassendes, nicht auf bestimmte Anfechtungsgründe beschränktes Rechtsmittel, das nicht nur gegen das Urteil selbst eingelegt wurde, sondern auch gegen vermutete Verfahrensverletzungen vor Urteilsspruch; eine von diesen könnte eine solche Ablehnung eines Richters sein. Der Verdacht auf Befangenheit eines *iudex* kann eine Appellation

62 Vgl. auch Nov. 96.2, a. 539, die im Fall einer Widerklage eine Frist von 20 Tagen ab Überreichung der Klageschrift an den Beklagten festsetzt, vor der keine *litis contestatio* eintreten durfte. Die *recusatio* darf deswegen lediglich vor und ausschliesslich bis zur Streiteinsetzung vorgenommen werden.

63 *Multorum querellis excitati hac lege sancimus, ut, si quis provocatione interposita suspecti iudicis velit vitare sententiam, in hac voce liberam habeat potestatem nec timeat contumeliam iudiciorum, cum et ab ipsa iniuria possit facile provocare, maxime cum a solis tantum praefectis non sine dispendio causae provocare permissum sit. sciant igitur cuncti sibi ab iniuriis et suspectis iudicibus et a capitali supplicio ac fortunarum dispendio provocationem esse concessam* [Aufgrund der zahlreichen uns angekommenen Nachfragen, bestimmen wir das Folgende: wer durch Appellationseinlegung das gefällte Erkenntnis eines verdächtigen Richters vermeiden will, der soll darin eine unbeschränkte Befugnis haben, ohne eine Beschimpfung seitens des Gerichts zu befürchten zu haben, indem es sowohl wider Injurien selbst leicht appellieren kann, als hauptsächlichste auch nur wider die Entscheidungen der praefecti praetorio zu appellieren nicht ohne wesentlichen Nachteil verboten ist. Es möge daher jedermann wissen, dass ihm freistehe, wider Injurien und verdächtige Richter sowohl wegen Capitalstrafen als wegen – durch Erkenntnis auferlegten – Vermögensnachteiles zu appellieren: Otto (1832) 6, 123].

64 Über die Äquivalenz von *provocare* und *appellare* in diesem Kontext s. Litewski (1965) 348 ff., ders. (1999) 42 f. sowie Pergami (2000) 238–258 (dazu s. die Besprechung von Litewski [2002] 441 ff., 449).

begründen (*interpretatio ad* Nov. Marc. 1[65] und Nov. Val. 35.16[66]), führt aber nicht zu einer autonomen Rekusation, soweit die *suspicio* nicht als Gegenstand einer Vorabentscheidung berücksichtigt wird[67]. Im zweiten Text wurde wegen feindlicher Gesinnung des Richters gegenüber einer Partei Berufung beim *praefectus Urbis* eingelegt, der vom Kaiser mit der Bestimmung stattgegeben wurde, dass der Appellant unverzüglich vor dem Nachfolger des ‚abgelehnten' Richters den Prozess fortführen konnte.

Im Ergebnis ist die Richterbestellung in Zivilsachen seit der republikanischen Zeit eine Art kollektiver Willensbildung, an der sich beide Parteien beteiligen dürfen, sei es durch die hintereinander folgenden *reiectiones*, die zur Auswahl eines von beiden Parteien akzeptierten Richters führten, sei es mittels Ablehnung, die die Substitution eines (ohne Beweislast) für verdächtig gehaltenen Richters zur Folge hatte[68]. Der Unterschied zwischen diesen Wahlsystemen besteht darin, dass es sich bei den *reiectiones* um ein stufenweise per Subtraktion (d. h. durch negative Willensmitwirkungen) ausgestaltetes Wahlsystem handelt, wobei ein Konsens der Parteien durch Dissens über die Person des Richters mit Zulassung des Magistrats gebildet wird. Dagegen spielen die Parteien in einem von der Zentralisierung der Jurisdiktion besonders geprägten Kognitionsverfahren gegenüber dem zugewiesenen Richter (*datus*) keine bedeutsame Rolle,

---

65 *... illi vero qui pulsatus fuerit, si iudicem suspectum habuerit, liceat appellare.*

66 *Si quis a suspecto iudice illustri viro praefecto urbis Romae, propter aliquas domesticas et privatas simultates, vocem appellationis emiserit, apud successorem eius sequentem mox, quas ante timuit, exserat actiones, ut relationibus difficultatum ac morarum, quas intercedere ad respondendum nolumus, necessitas auferatur* [Wenn jemand wegen eines bekannten (aber) verdächtigen Richters dem Statthalter Roms wegen irgendwelcher Privatfehden eine Appellation zuleitet, soll er schnell beim Nachfolger dieses Richters klagen, wovor er sich vorher gefürchtet hatte, damit schnell und sachkundig gehandelt werden kann].

67 Simon (1969) 64 Fn. 2, in Bezug auf die Tatsache, dass die παραίτησις (*recusatio*) von den Quellen nicht als παραγραφή (*exceptio*) bezeichnet wird, ist der Meinung, dass dies „auf einer Überlieferungslücke beruhen kann".

68 Die logische Unvereinbarkeit der Möglichkeit der Ablehnung eines *arbiter compromissarius* mit der konsensualen Gestaltung der Kombination *compromissum-receptum* (dazu Rampazzo [2012] 71–83) gestattet hingegen (in der klassischen Zeit) eine Ablehnung nicht: Der Grund der *inimicitiae capitales* (Ulp. 13 *ad ed.* D. 4.8.15) z. B. ist als Entschuldigungsgrund bzw. Enthaltungsgrund und nicht als Rekusationsgrund anzusehen. Es liegt nahe, dass es im Falle des *dolus malus* immer möglich ist, die *sententia arbitri* aufheben (*de s.a. retractare*): Paul. 13 *ad ed.* D. 4.8.32.14. Vgl. auch Pergami (2007) 136 Fn. 3.

sie haben jedoch gleichwohl ein Vetorecht, um einen missgünstigen oder voreingenommenen (auch vom Kaiser; s. nur C. 3.1.12.1, 16, 18) delegierten oder ordentlichen Richter (durch *adiectio alii iudicis*) verhindern zu können. Ein langer roter Faden durch die Jahrhunderte erlaubt uns, solche geschichtliche Bande zu knüpfen, die die verfahrensrechtliche Betrachtung des Parteiwillens sehr eng an die rechtspolitische Perspektive binden und diese als problematische Kernfrage des Verfahrens nie außer Acht lassen.

Literaturverzeichnis

Barbati (2012): *Stefano Barbati*, Studi sui ‚iudices' nel diritto romano tardo antico (Milano 2012).

Baumbach (2013): *Adolf Baumbach* (Begr.), Zivilprozessordnung (71. Aufl. München 2013).

Behrends (1970): *Okko Behrends*, Die römische Geschworenenverfassung. Ein Rekonstruktionsversuch (Göttingen 1970).

Behrends u. a. (1995): *Okko Behrends / Rolf Knütel / Berthold Kupisch / Hans Hermann Seiler (Hrsg.)*, Corpus Iuris Civilis. Text und Übersetzung II. Digesten 1–10 (Heidelberg 1995).

Birks (1988): *Peter Birks*, New Light on the Roman Legal System: the Appointment of Judges, in: Cambridge Law Journal 47 (1988) 36–60.

Broggini (1957): *Gerardo Broggini*, ‚Iudex arbiterve'. Prolegomena zum Officium des römischen Privatrichters (Köln u. a. 1957).

Camacho (1699): *Diego Guerreyro Camacho de Aboym*, Tractatus de recusationibus omnium judicum … (Conimbricae 1699).

Camodeca (1992): *Giuseppe Camodeca*, L'archivio puteolano dei Sulpicii I (Napoli 1992).

Cardilli (1992): Riccardo Cardilli, Designazione e scelta del iudex unus alla luce della lex Irnitana, in: Atti Accademia nazionale dei Lincei (classe di Scienze morali, storiche e filologiche). Rendiconti serie IX, 3 (Roma 1992) 37–73.

Comoglio (2012): *Luigi Paolo Comoglio / Claudio Consolo / Bruno Sassani / Romano Vaccarella* (dir.), Commentario del codice di procedura civile I. Articoli 1–98 (Milano 2012).

Erişgin (2002): Özlem Erişgin Söğütlü, *Roma Hukuku*'nda *Yargıcın Reddi.* (*Recusatio*), in: Ankara Ünv. Hukuk Fak. Dergisi (AÜHFD) 51/1 (2002) 97–115.

Fowler (1972): *Linda Fowler, Recusatio* iudicis in civilian and canonist Thought, in: *Joseph R. Strayer / Donald E. Queller* (Hrsg.), Post Scripta. Essays on Medieval Law and the Emergence of the European State in Honor of Gaines Post (Rome 1972) 717–785.

Fuhrmann (1970): *Manfred Fuhrmann*, Marcus Tullius Cicero. Sämtliche Reden, II (Zürich / Stuttgart 1970).

Giménez Candela (1983): *Teresa Giménez Candela*, La lex Irnitana. Une nouvelle loi municipale de la Bétique, in: Revue internationale des droits de l'antiquité (RIDA) 30 (1983) 125–140.

Giorgetti (2012): *Mariacarla Giorgetti*, Art. 51–54, in: Comoglio (2012) 867–899.

González, Crawford (1986): *Julián González / Michael H. Crawford*, The „lex Irnitana". A new copy of the Flavian Municipal Law, in: Journal of Roman Studies (JRS) 76 (1986) 147–243.

Hameda (1706): *Ignatius Francisco Hameda*, Commentarius ad edictum regium de recusationibus judicum [1669] (Lovanii 1706).

Heumann, Seckel (1907): *Hermann Gottlieb Heumann, Emil Seckel*, Handlexicon zu den Quellen des römischen Rechts (9. Aufl. Jena 1907).

Kaser (1964): *Max Kaser*, Prätor und Judex im römischen Zivilprozeß, in: Tijdschrift voor Rechtsgeschiedenis 32 (1964) 329–362.

Kaser/Hackl (1996): *Max Kaser / Karl Hackl*, Das römische Zivilprozessrecht (2. Aufl. München 1996).

Klingmüller (1909): *Fritz Klingmüller*, v. Excusatio, in: *Georg Wissowa* (Hrsg.), Paulys Real-Encyklopädie der classischen Altertumswissenschaft, Bd. VI/2 (Stuttgart 1909) 1578–1581.

Lamberti (1993): *Francesca Lamberti*, „Tabulae *Irnitanae*". Municipalità e „Ius Romanorum" (Napoli 1993).

Lanza (1987): *Carlo Lanza, Impedimenti* del *giudice*. Alcuni modelli di „diritto classico", in: Bullettino dell'Istituto di diritto romano (BIDR) 90 (1987) 467–541.

La Rosa (1958): *Franca La Rosa*, „Decemviri" e „centumviri", in: Labeo 4 (1958) 14–54.

La Rosa (1965): *Franca La Rosa*, La *formula* dell'*actio iudicati*: contributo allo studio dei poteri del iudex (Catania 1965).

La Rosa (1989): *Franca La Rosa*, La lex Irnitana e la nomina del giudice, in: Iura 40 (1989) 63–74.

Litewski (1965): *Wieslaw Litewski*, Die römische Appellation in Zivilsachen 1, in: Revue internationale des droits de l'antiquité (RIDA) 12 (1965) 347–436.

Litewski (1997): *Wieslaw Litewski*, Zwischenbescheide im römischen Prozeß, in: Revue internationale des droits de l'antiquité (RIDA) 44 (1997) 155–291.

Litewski (1999): *Wieslaw Litewski*, Die Ablehnung (*recusatio*) des Richters im Römischen Recht, in: Tijdschrift voor Rechtsgeschiedenis 67 (1999) 39–56.

Litewski (2002): *Wieslaw Litewski*, L'appello tardoantico, in: Index 30 (2002) 441–460.

Luraschi (1989): *Giorgio Luraschi*, Sulla lex *Irnitana*, in: Studia et documenta historiae iuris (SDHI) 55 (1989) 349–368.

Mazeaud (1933): *Jean Mazeaud*, La Nomination du Judex Unus sous la procédure formulaire à Rome (Paris 1933).

Metzger (1997): *Ernest Metzger*, A New Outline of the Roman Civil Trial (Oxford 1997).

Nörr (2012): *Knut Wolfgang Nörr*, Romanisch-kanonisches Prozessrecht: Erkenntnisverfahren erster Instanz in civilibus (Heidelberg u. a. 2012).

Otto u. a. (1832): *Carl Eduard Otto / Bruno Schilling / Carl Friedrich Ferdinand Sintenis* (Hrsg.), Das Corpus Juris Civilis in's Deutsche übersetzt, Bd. 4–6 (Leipzig 1832).

Panzarola (2008): *Andrea Panzarola*, La ricusazione del giudice civile. Il problema dell'impugnabilità della decisione (Bari 2008).

Paulus (2010): *Christoph G. Paulus*, Zivilprozessrecht (4. Aufl. Berlin / Heidelberg 2010).

Pérez Heredia (1977): *Ignacio Pérez Heredia y Valle*, Die Befangenheit des Richters im kanonischen Recht (St. Ottilien 1977).

Pergami (2000): *Federico Pergami*, L'appello nella legislazione del tardo impero (Milano 2000).

Pergami (2007): *Federico Pergami*, Sull'impugnabilità del lodo arbitrale nell'esperienza processuale romana, in: Studi per Giovanni Nicosia VI (Milano 2007) 135–153.

Pugliese (1963): *Giovanni Pugliese*, Il processo civile romano II. Il processo formulare 1 (Milano 1963).

Rampazzo (2012): *Natale Rampazzo*, Sententiam dicere cogendum esse. Consenso e imperatività nelle funzioni giudicanti in diritto romano classico (Napoli 2012).

Rodger (1991): *Alan Rodger*, The Lex Irnitana and Procedure in the Civil Courts, in: Journal of Roman Studies (JRS) 81 (1991) 74–90.

Scarselli (2010): *Giuliano Scarselli*, Ordinamento giudiziario e forense (Milano 2010).

Schulting (1708): *Antonius Schultingius*, Dissertationes de recusatione judicis ... (Franequerae 1708).

Serrao (1995): *Gregorio Serrao*, All'origine della recusatio-excusatio: Teocrito e Callimaco, in: Eikasmos 6 (1995) 141–152.

Seyfarth (1971), *Wolfgang Seyfarth*, Ammianus Marcellinus. Römische Geschichte, IV. Teil, Buch 26–31 (Berlin 1971).

Simon (1969): *Dieter Simon*, Untersuchungen zum Justinianischen Zivilprozeß (München 1969).

Simshäuser (1989): *Wilhelm Simshäuser, La jurisdiction* municipale à la lumière de la lex Irnitana, in: Revue historique de droit français et étranger 67 (1989) 619–650.

Simshäuser (1990): *Wilhelm Simshäuser*, Bespr. von *Julián González*, The Lex Irnitana: a new Flavian municipal law, London 1986, in: Zeitschrift der Savigny-Stiftung für Rechtsgeschichte (ZSS, R.A.) 107 (1990) 543–561.

Simshäuser (1992): *Wilhelm Simshäuser*, Stadtrömisches Verfahrensrecht im Spiegel der lex *Irnitana, in: Zeitschrift der Savigny-Stiftung für Rechtsgeschichte (ZSS, R.A.) 109 (1992) 163–208.*

Torrent (2010): *Armando Torrent*, De lege *Irnitana*: ¿modelo único en las leyes municipales Flavias?, in: RIDROM [online] 4 (2010) 89–158.

Vincenti (1986)*: Umberto Vincenti*, „Ante sententiam appellari potest“: contributo allo studio dell'appellabilità delle sentenze interlocutorie nel processo romano (Padova 1986).

Volkmer (1967): *Hans Volkmer* (Hrsg.), P. Cornelius Tacitus. Dialogus de oratoribus. Das Gespräch über die Redner (München 1967).

Wolf (2011)*: Joseph Georg Wolf* (Hrsg.), Die *Lex Irnitana.* Ein römisches Stadtrecht aus Spanien. Lateinisch und deutsch (Darmstadt 2011).

Zeiss/Schreiber (2009): *Walter Zeiss / Klaus Schreiber*, Zivilprozessrecht (11. Aufl. Tübingen 2009).

Zilletti (1965): *Ugo Zilletti*, Studi sul processo civile giustinianeo (Milano 1965).

Index

Schriften zur Entwicklung des Privatrechtssystems

Herausgegeben von Christian Baldus und Christian Pohl

Band 1 Susanne Kaiser: Rückwirkender Vermögensübergang? Partage de l'indivision successorale und Erbteilung. 2005.

Band 2 Magnus Dorweiler: Vermögensvorteil und Geldwert beim Vermächtnis. 2005.

Band 3 Stefan Schneider: Rückgriffskondiktion. Die Legitimation der Rückgriffskondiktion in Drittleistungsfällen. 2008.

Band 4 Bruno Rodríguez-Rosado: Abstraktionsprinzip und redlicher Erwerb als Mittel zum Schutze des Rechtsverkehrs. 2009.

Band 5 Benedikt Kühle: Der Dualismus von ausdrücklicher und stillschweigender Willenserklärung. 2009.

Band 6 Melanie Schenk: Die Verkehrsauffassung in BGB und UWG. Am Beispiel des Sachenrechts und der Irreführungsgefahr. 2010.

Band 7 Michael Giebel: Der Erbschaftskauf – ein überflüssigerweise normiertes Rechtsinstitut. 2010.

Band 8 Jacek Lehmann: Vindikation und richterlicher Wertungsspielraum. Der Rechtsmissbrauch in der deutschen und polnischen Rechtserfahrung. 2011.

Band 9 Sérgio Fernandes Fortunato: Früchte und Nutzungen. Eine dogmenhistorische Untersuchung zur privatrechtlichen Erfassung von Vermögenserträgen. 2012.

Band 10 Christian Baldus / Wojciech Dajczak (Hrsg.): Der Allgemeine Teil des Privatrechts. Erfahrungen und Perspektiven zwischen Deutschland, Polen und den lusitanischen Rechten. 2013.

Band 11 Christian Baldus / Simone Schmon (Hrsg.): Zivilprozess und historische Rechtserfahrung. 2015.

www.peterlang.com

www.ingramcontent.com/pod-product-compliance
Ingram Content Group UK Ltd.
Pitfield, Milton Keynes, MK11 3LW, UK
UKHW021127041026
8980IPUK00026B/864

9 783631 661291